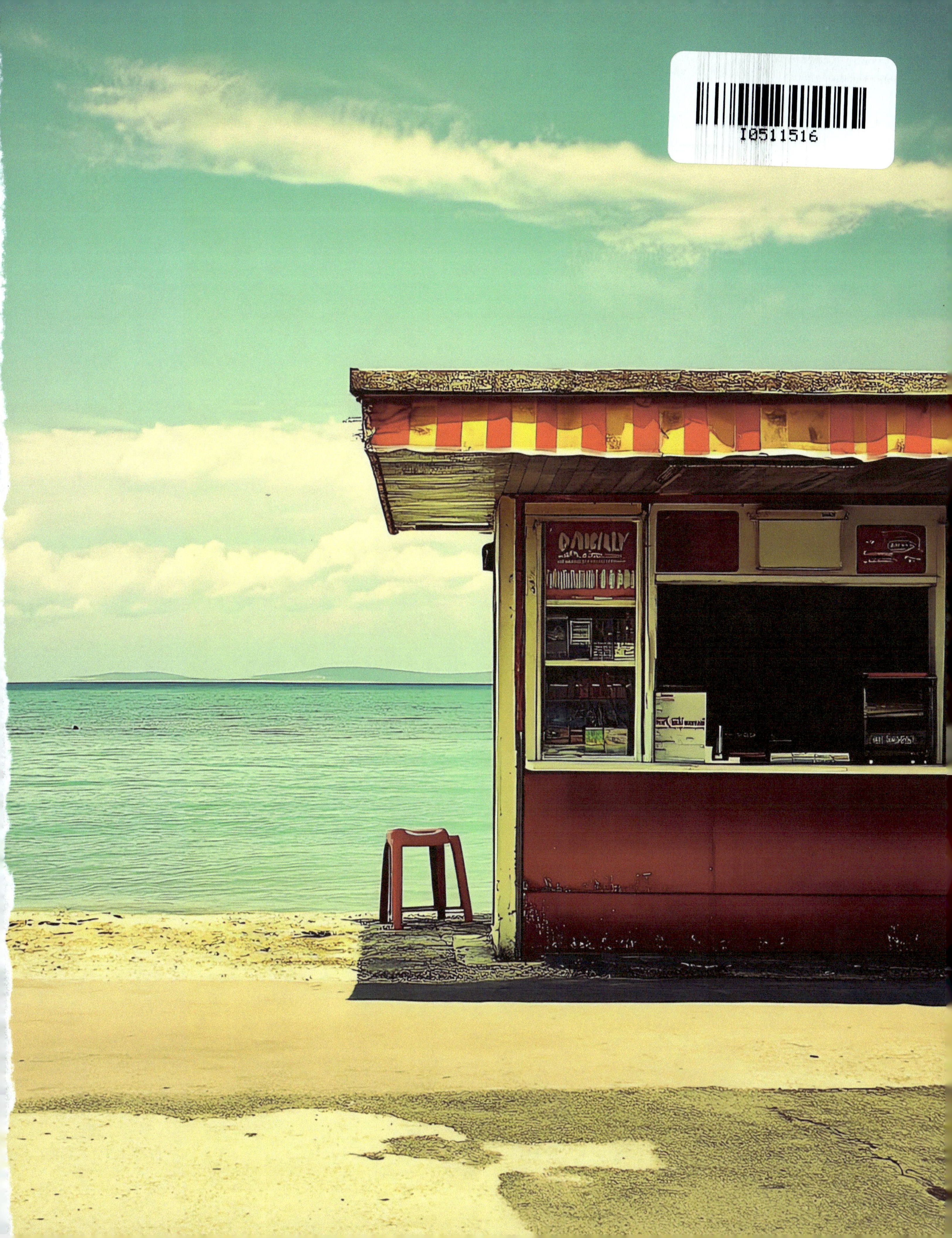

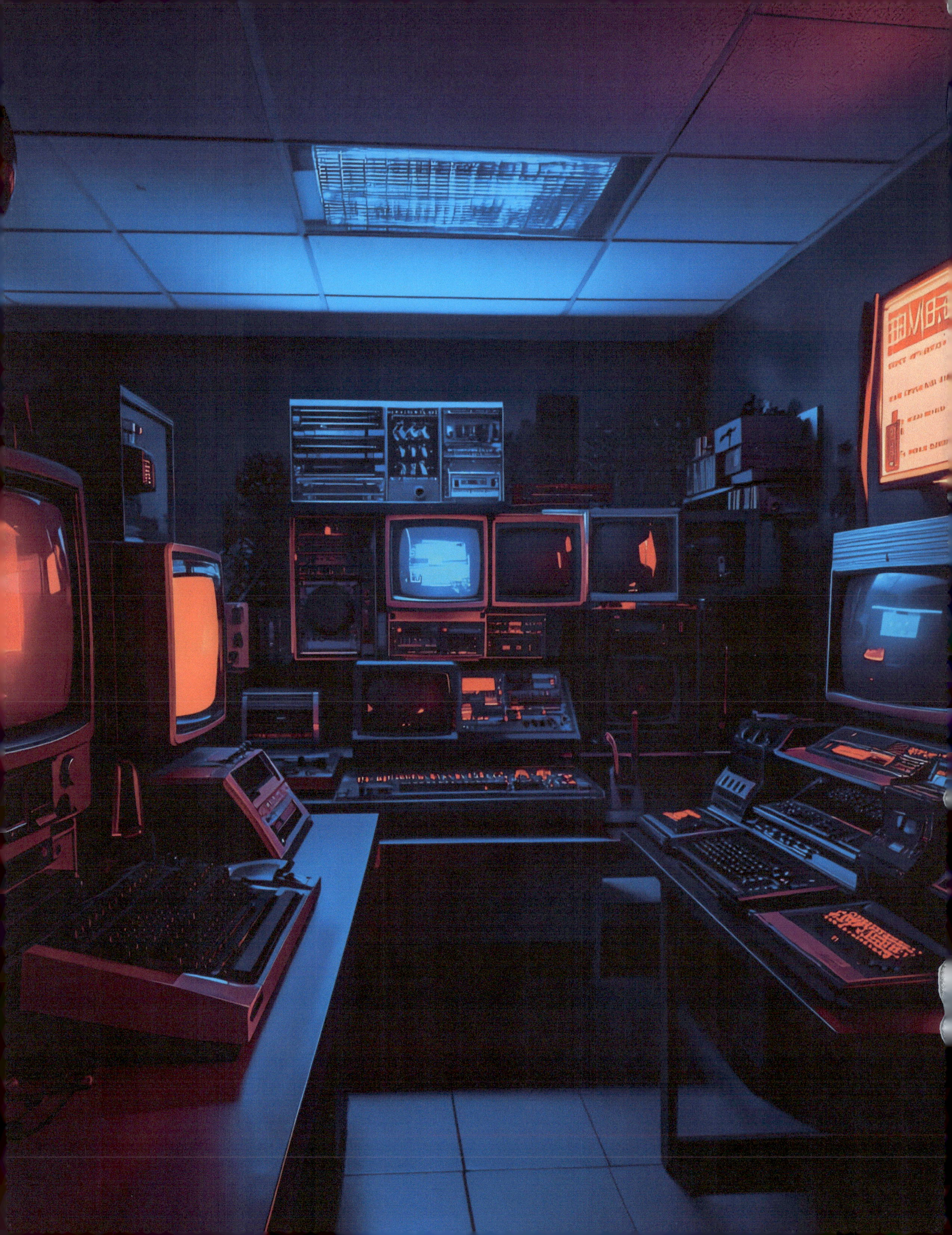

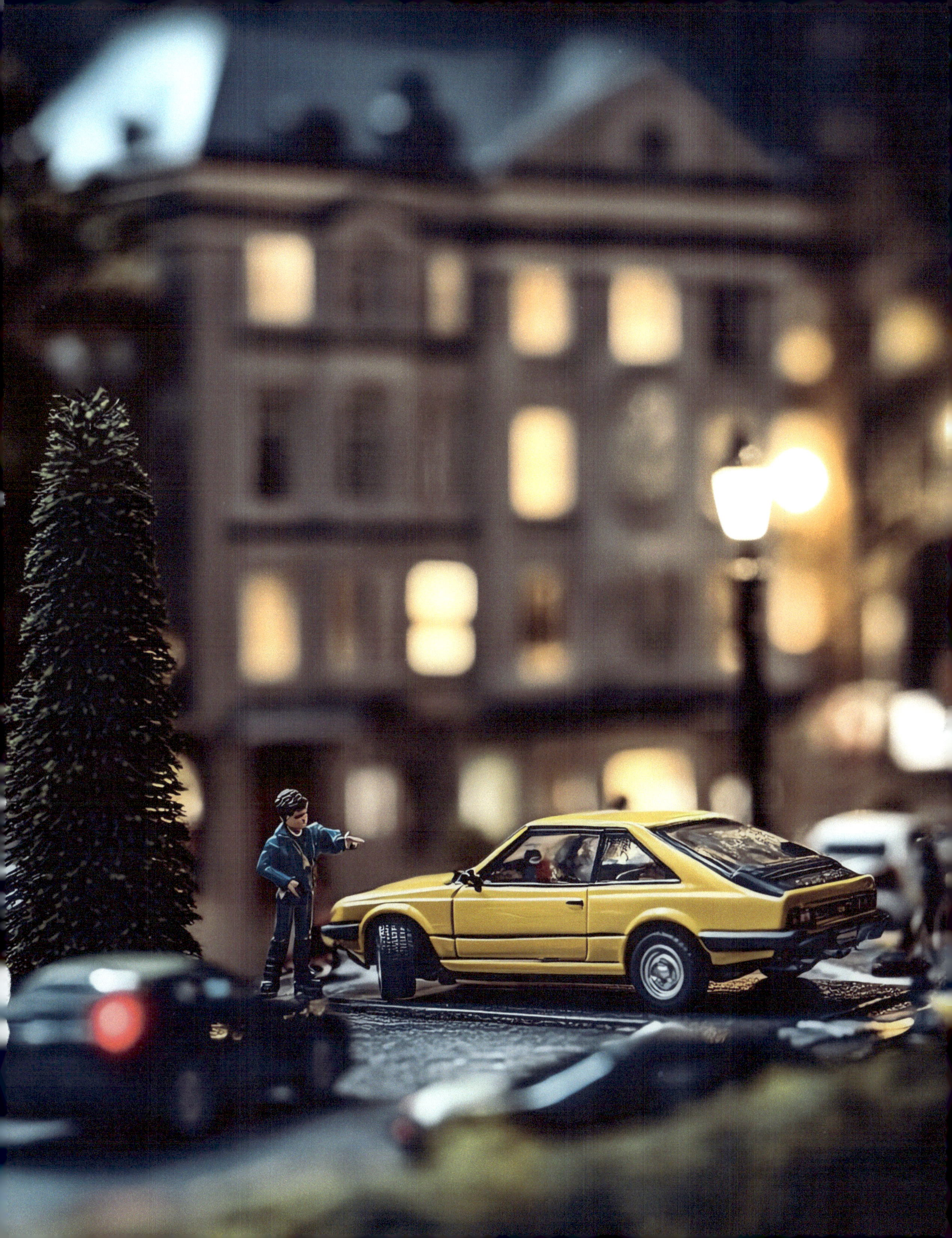

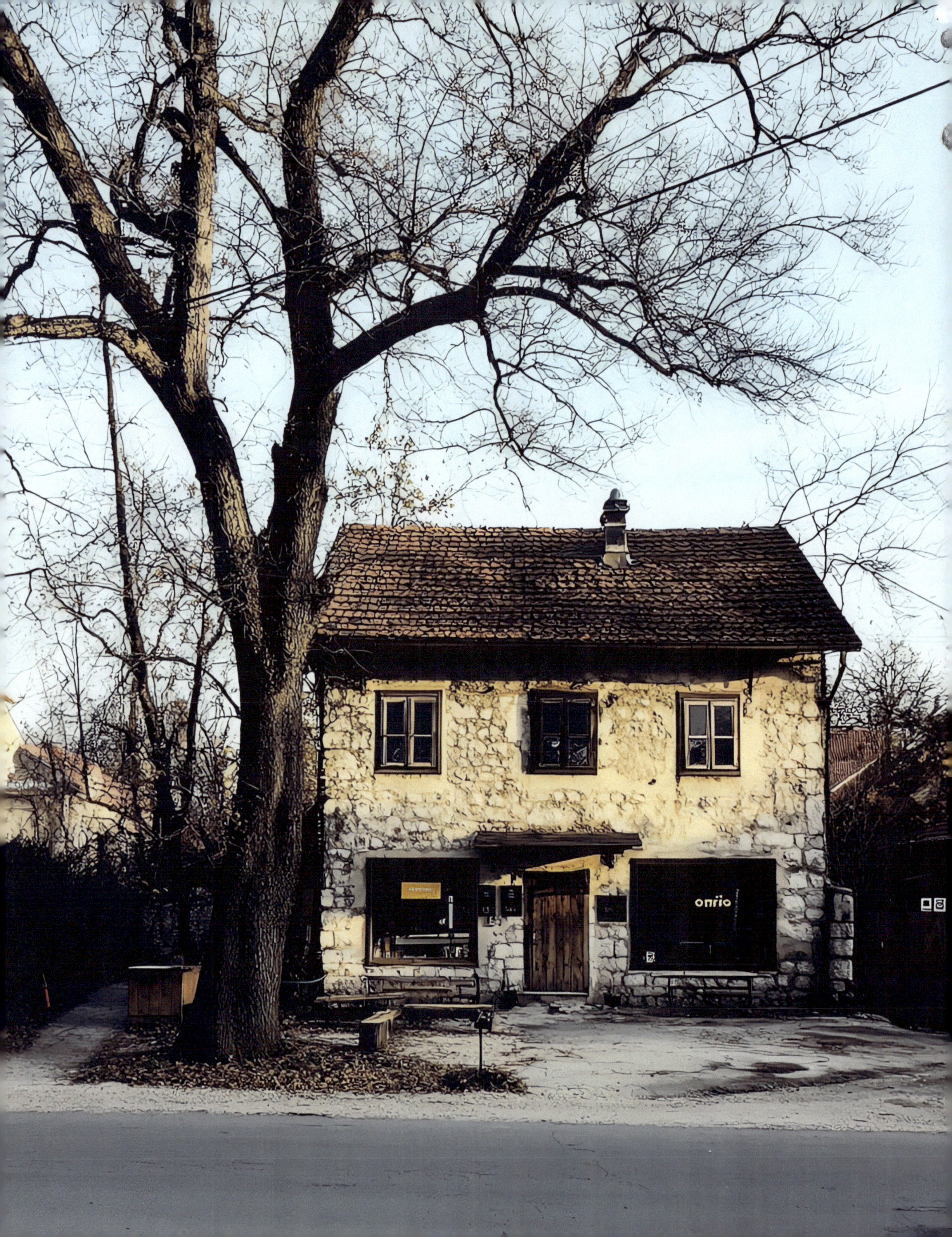
onrio

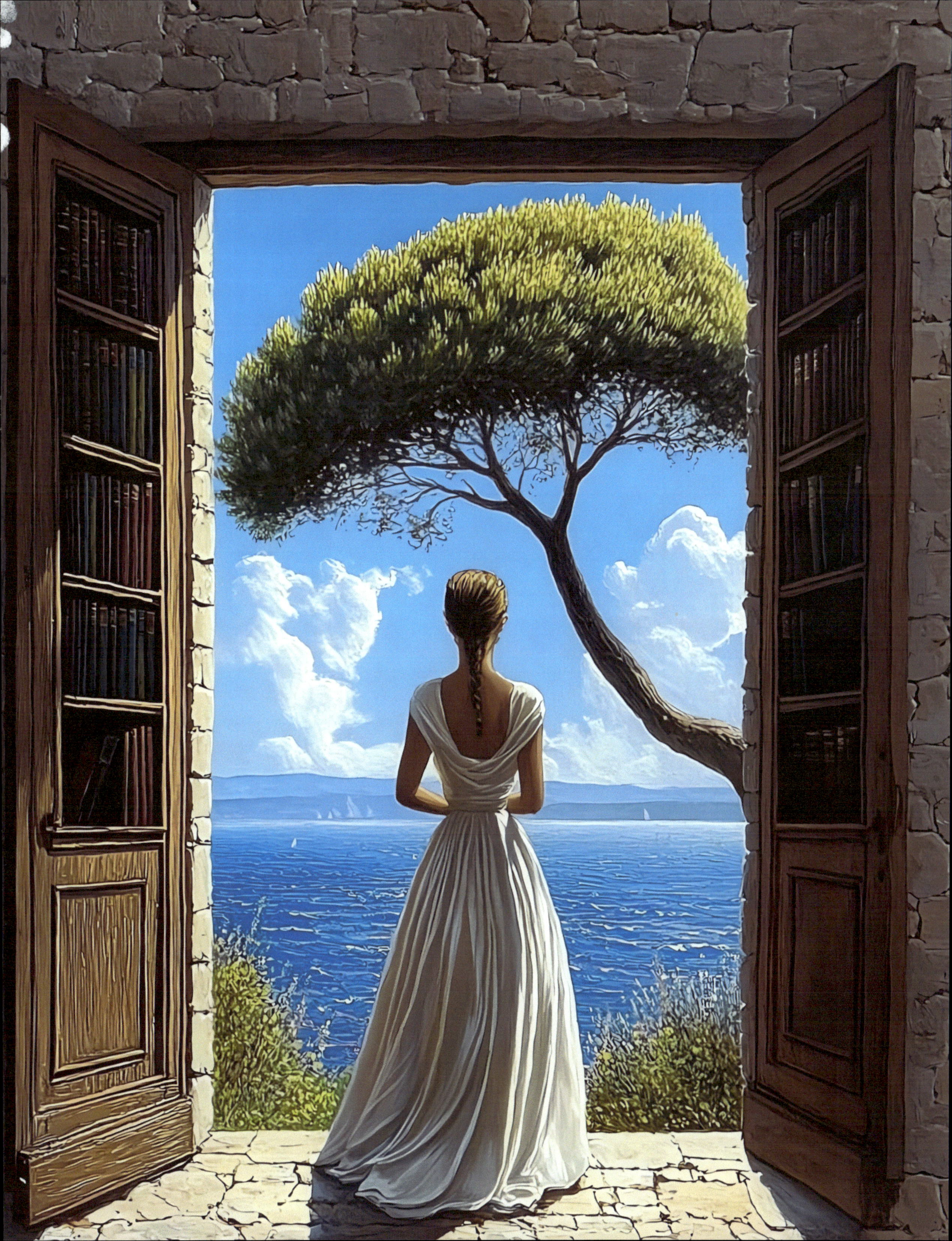

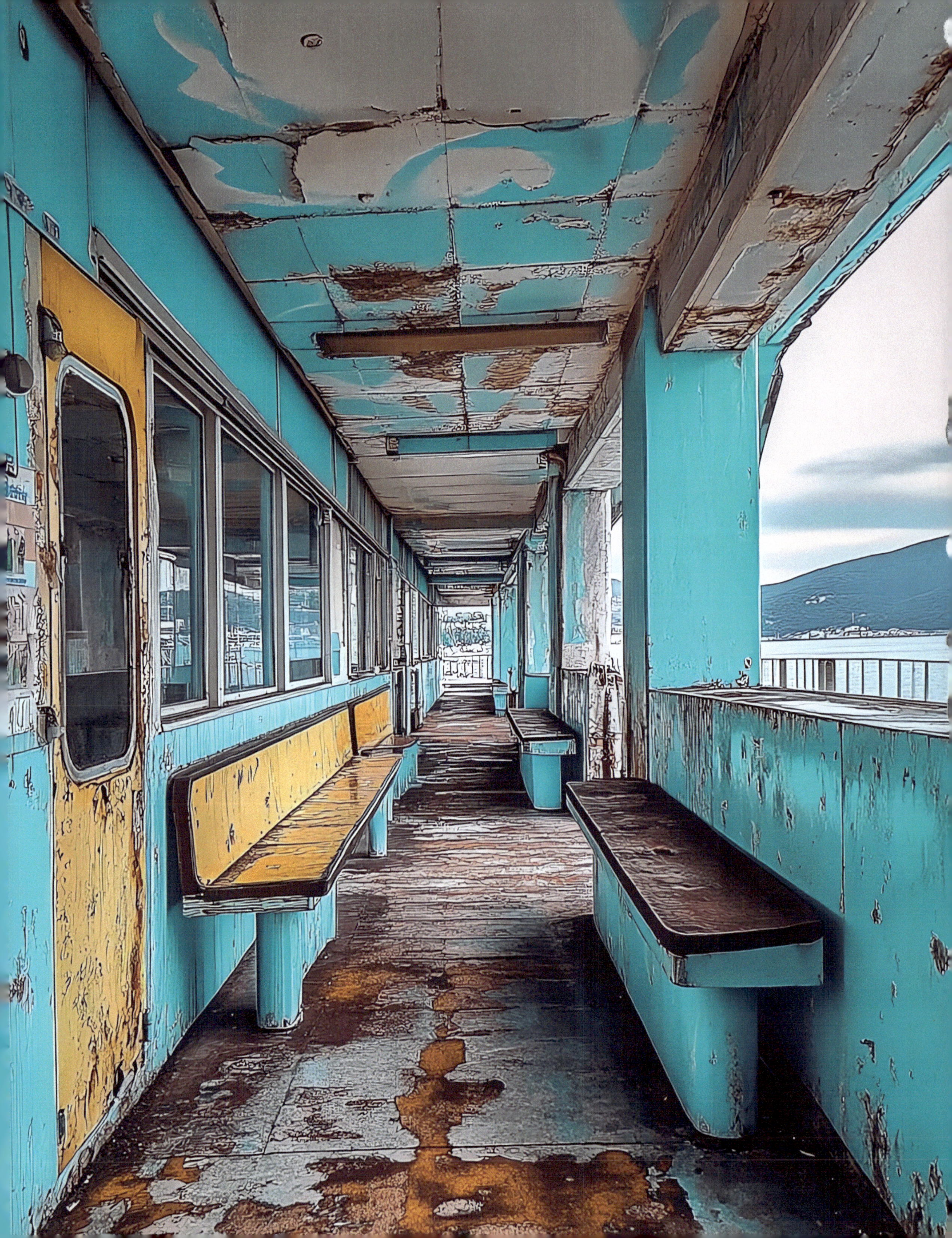

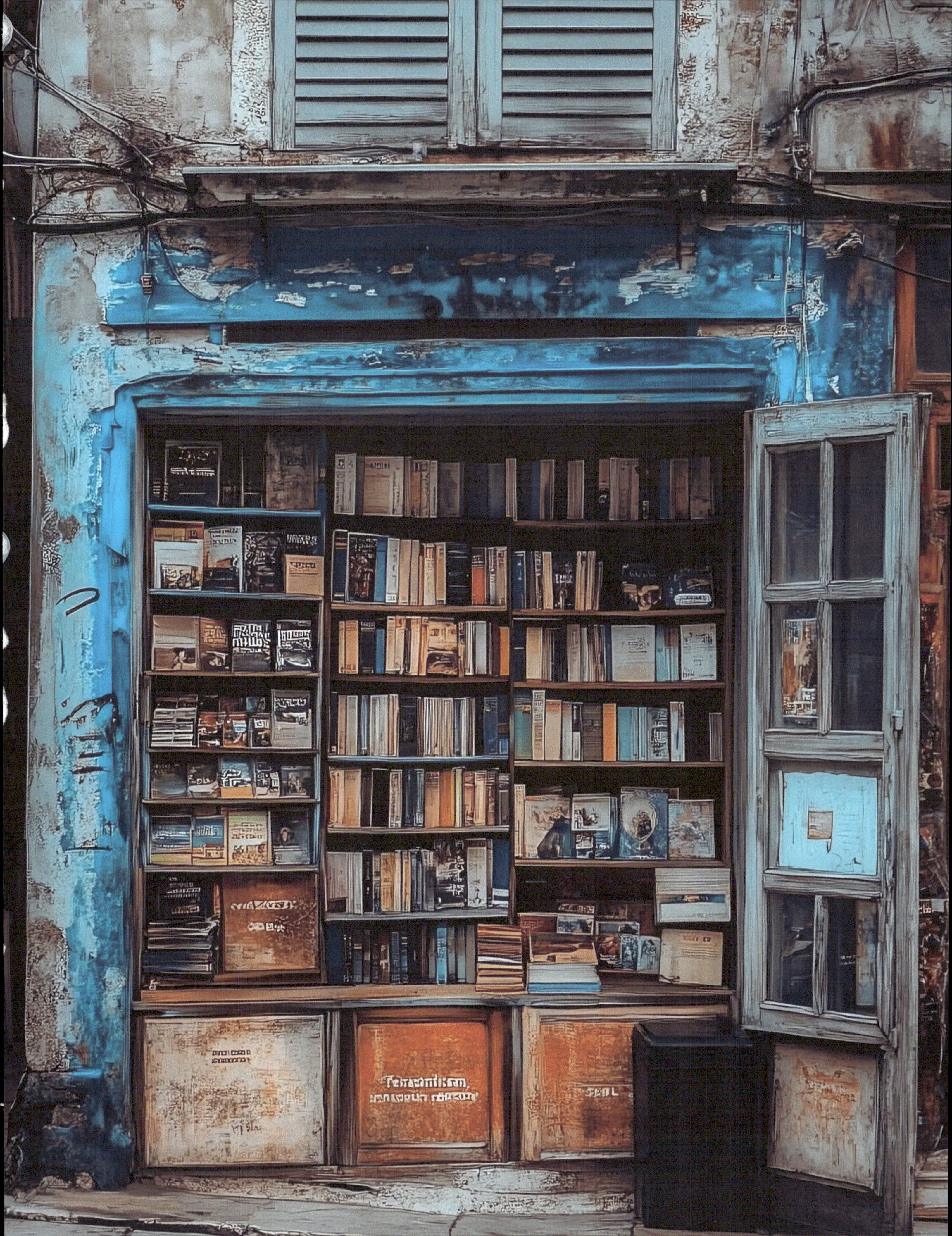

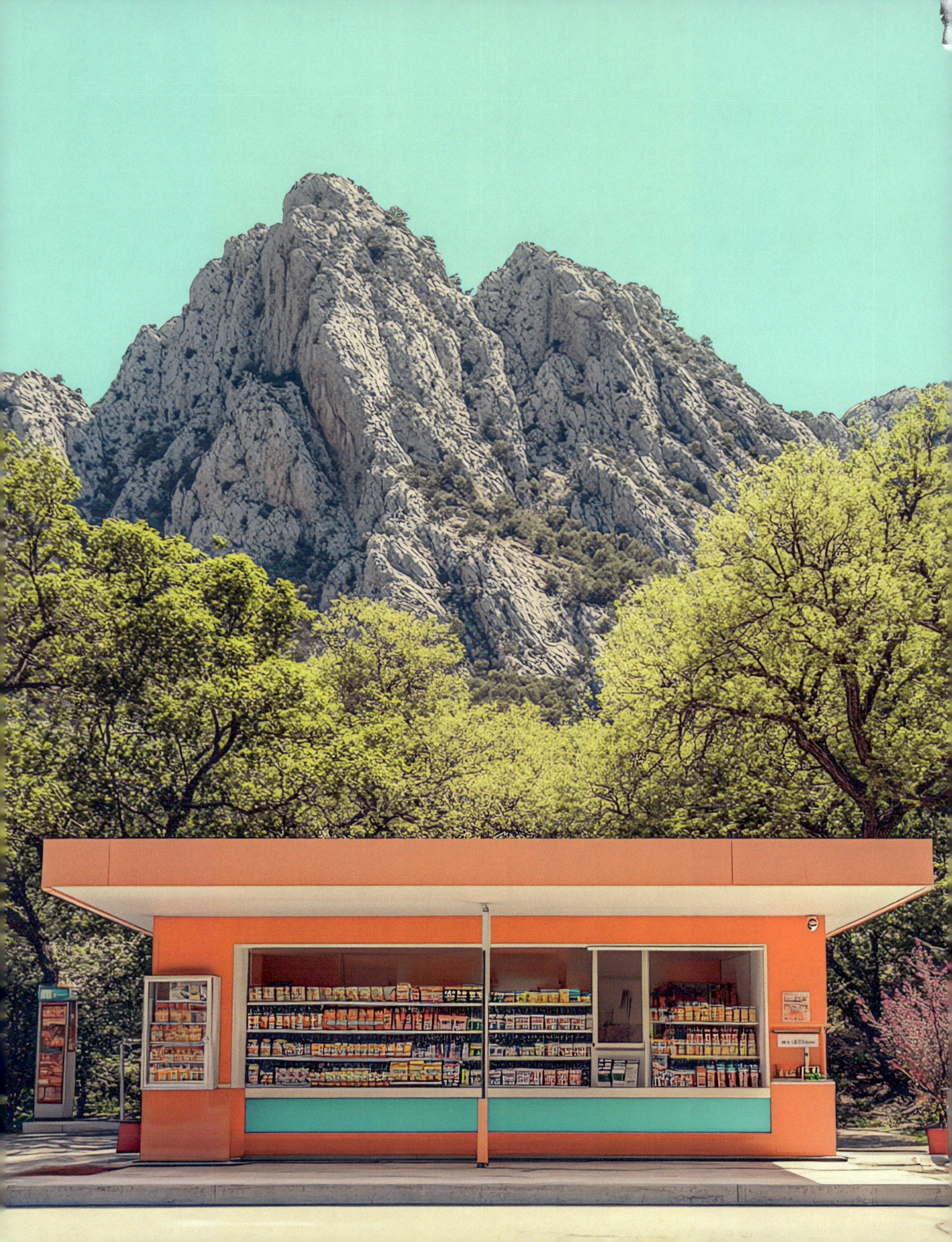

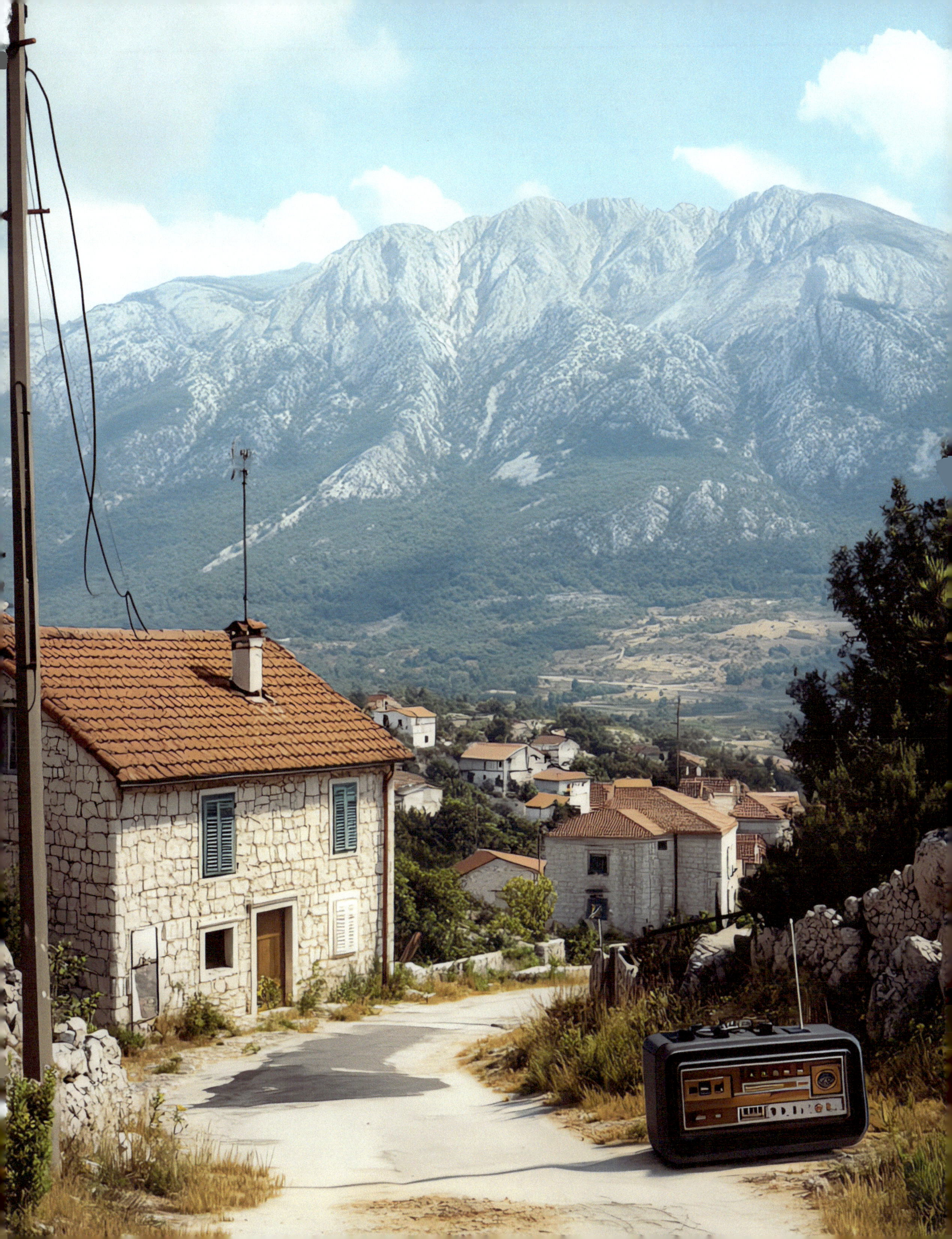

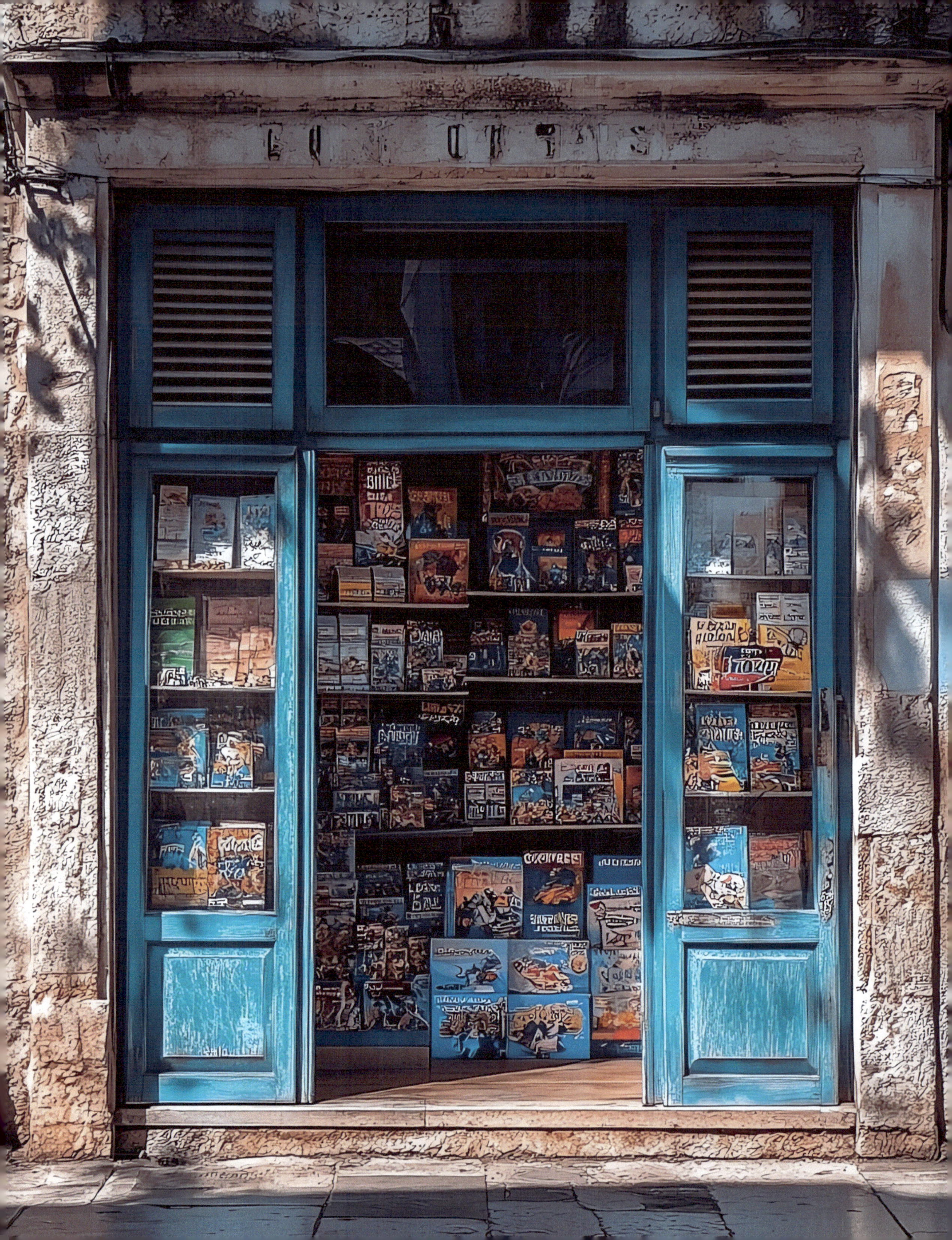

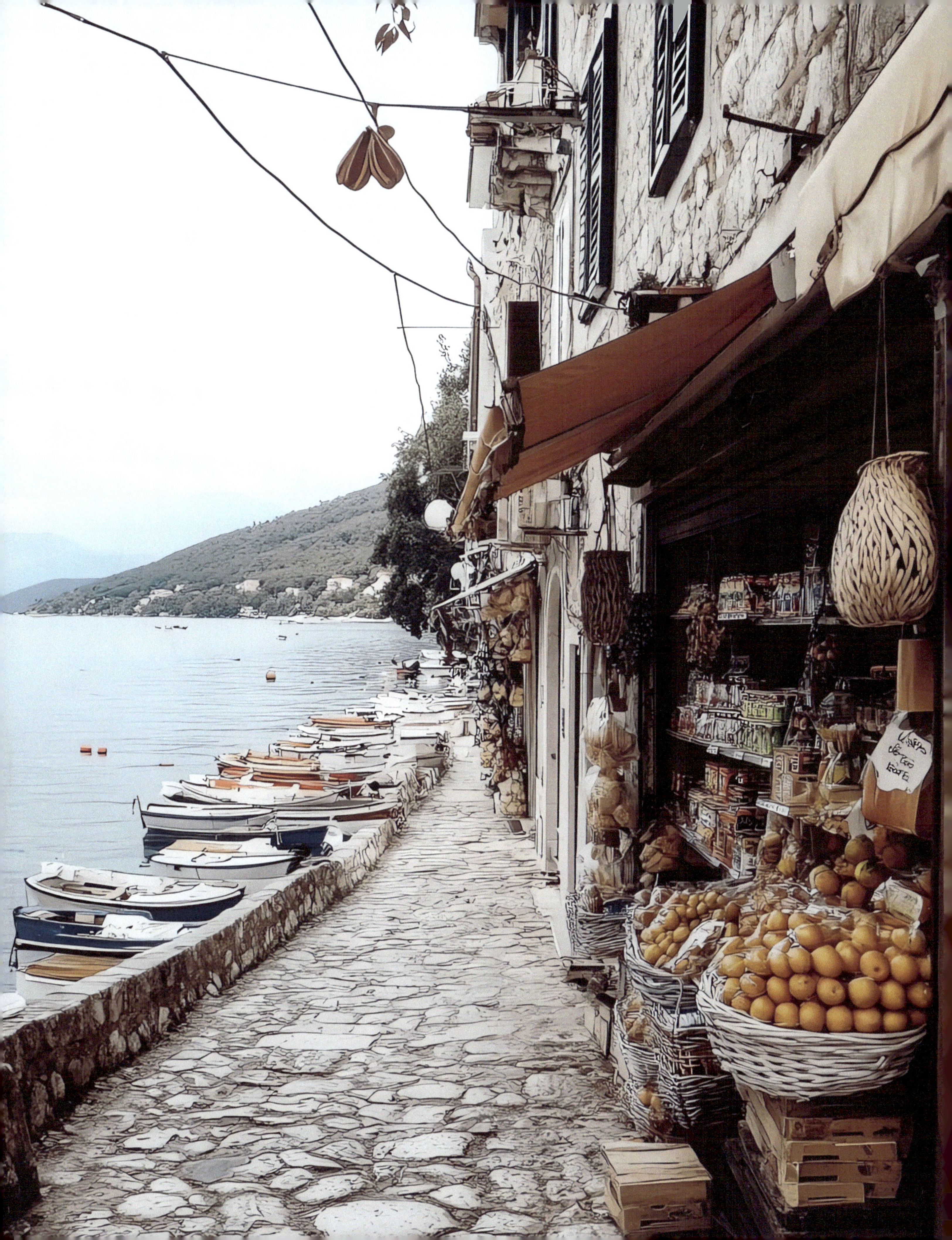

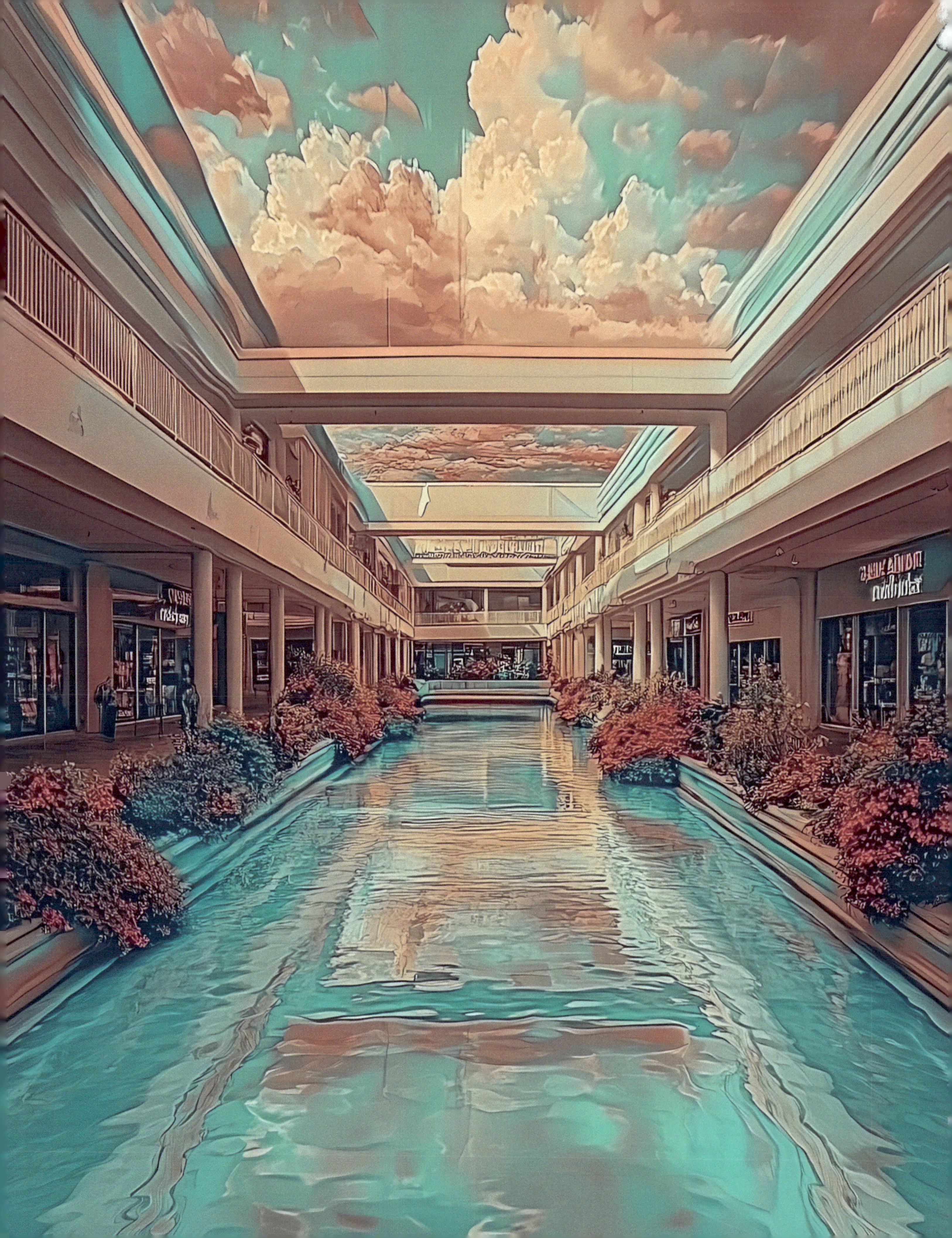

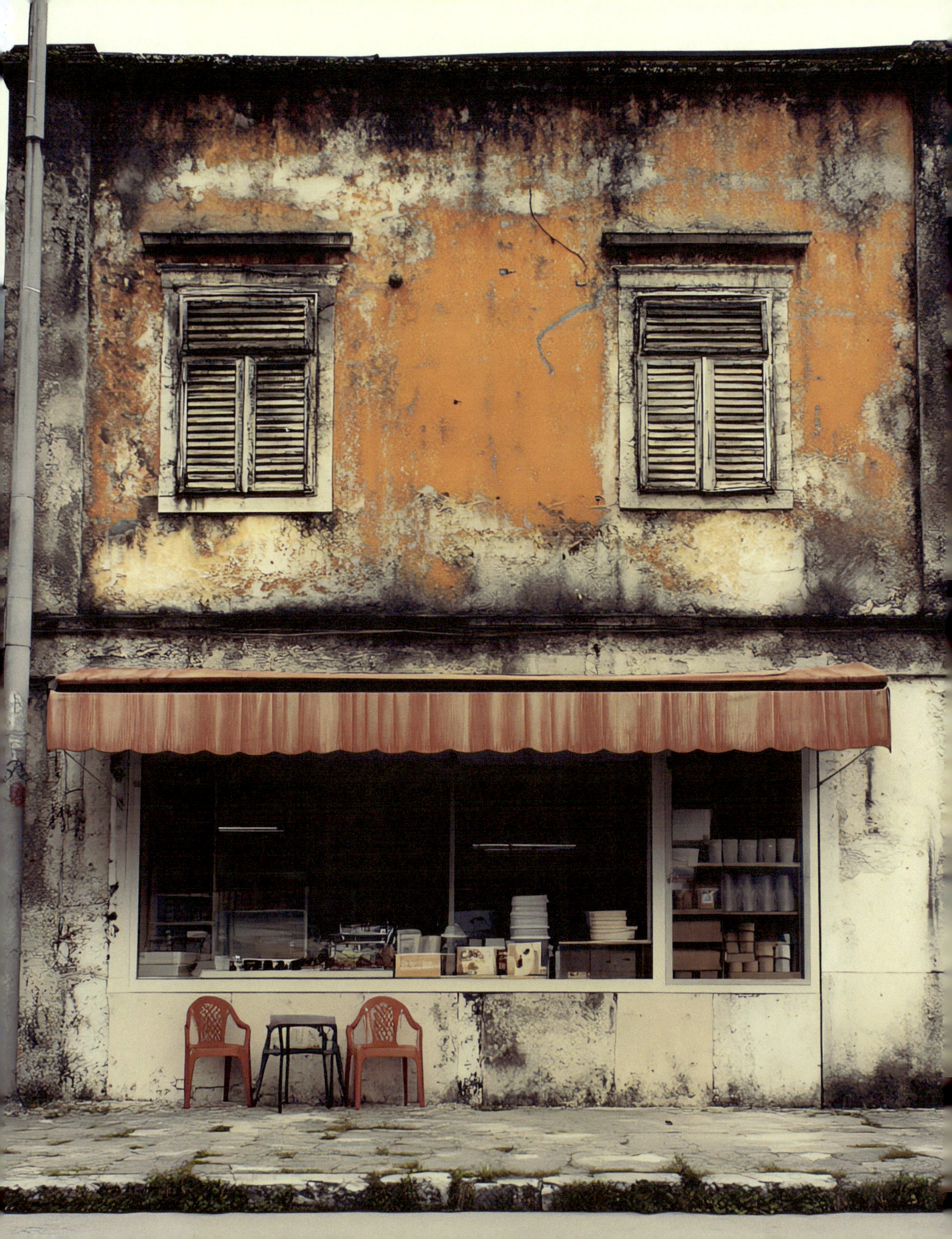

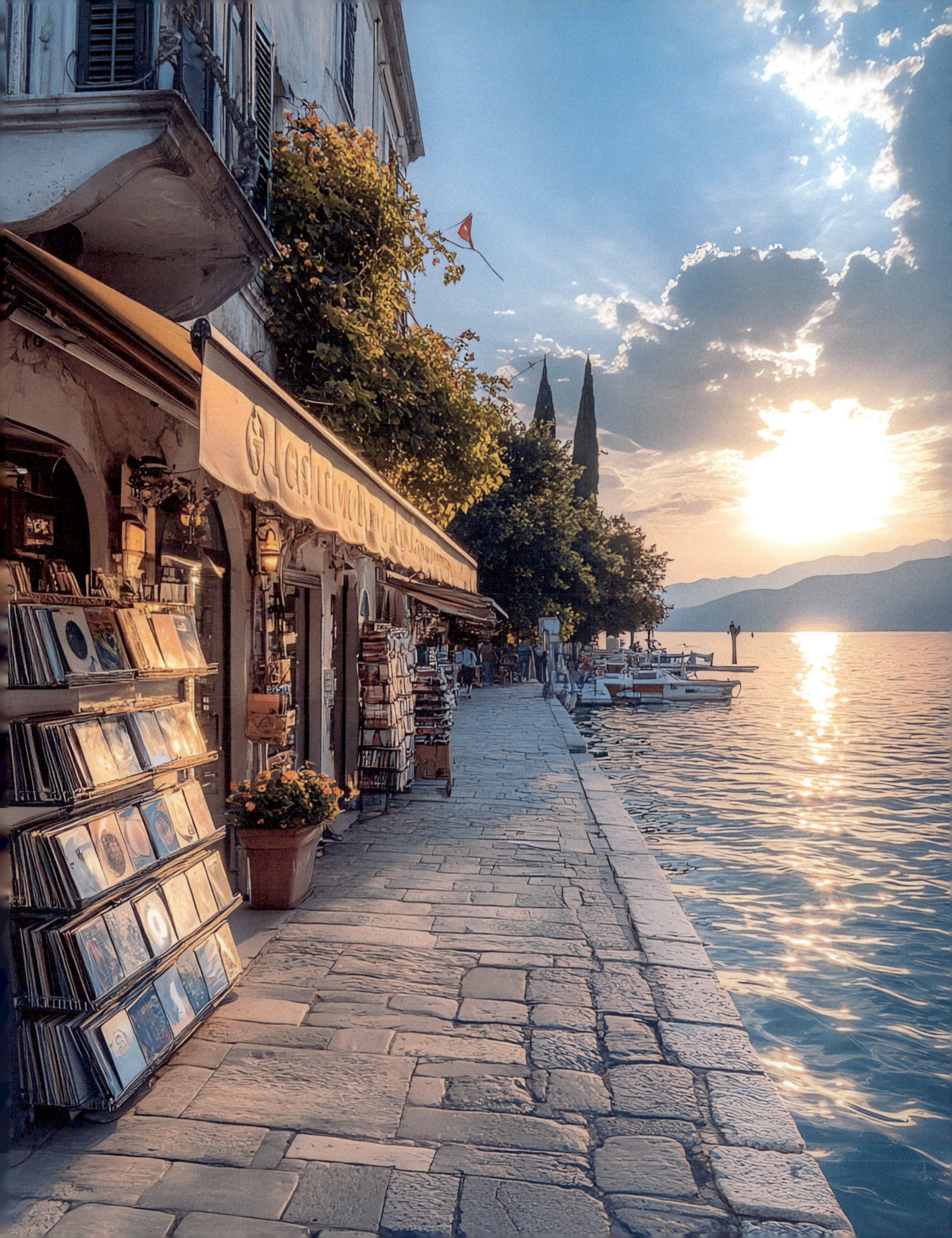

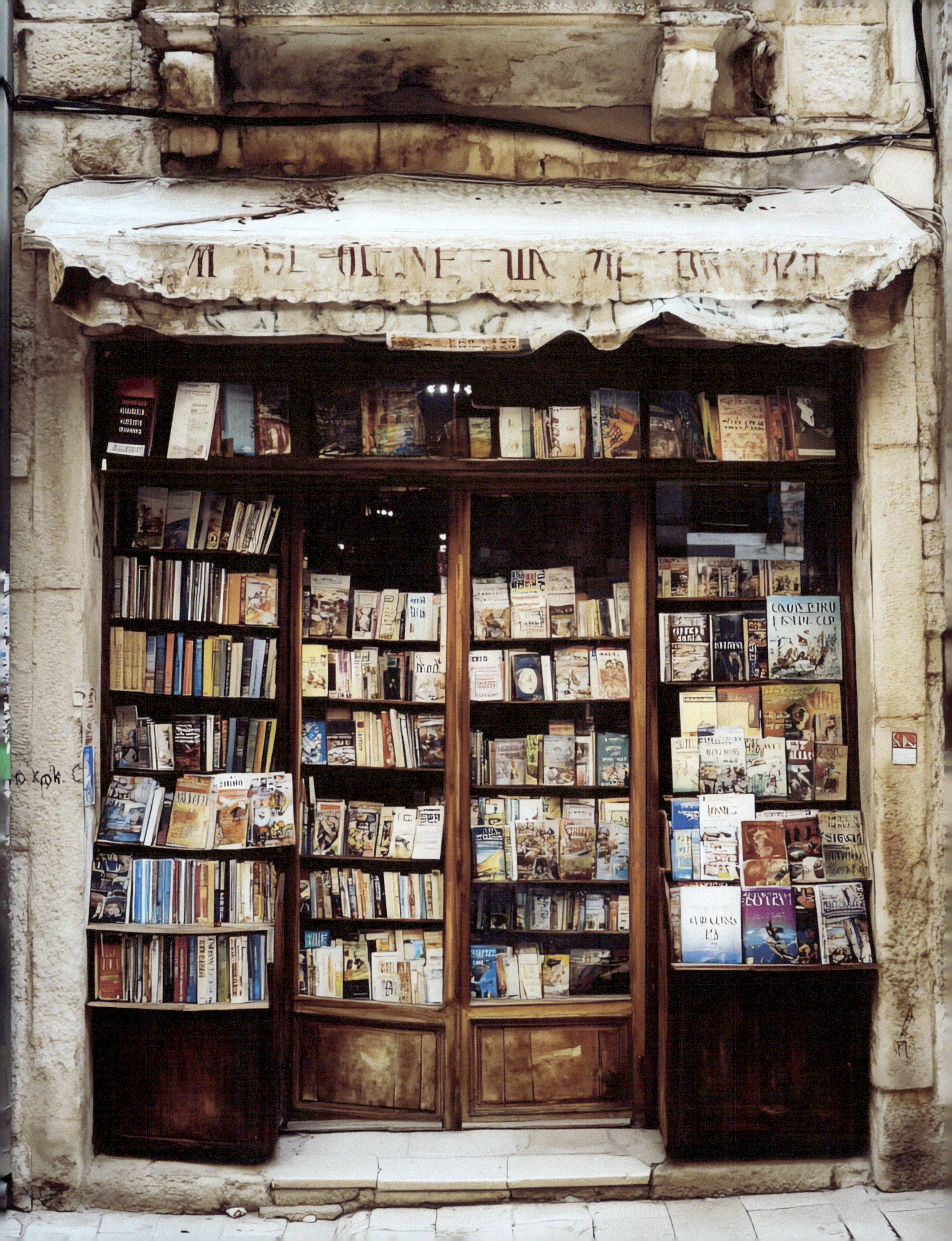

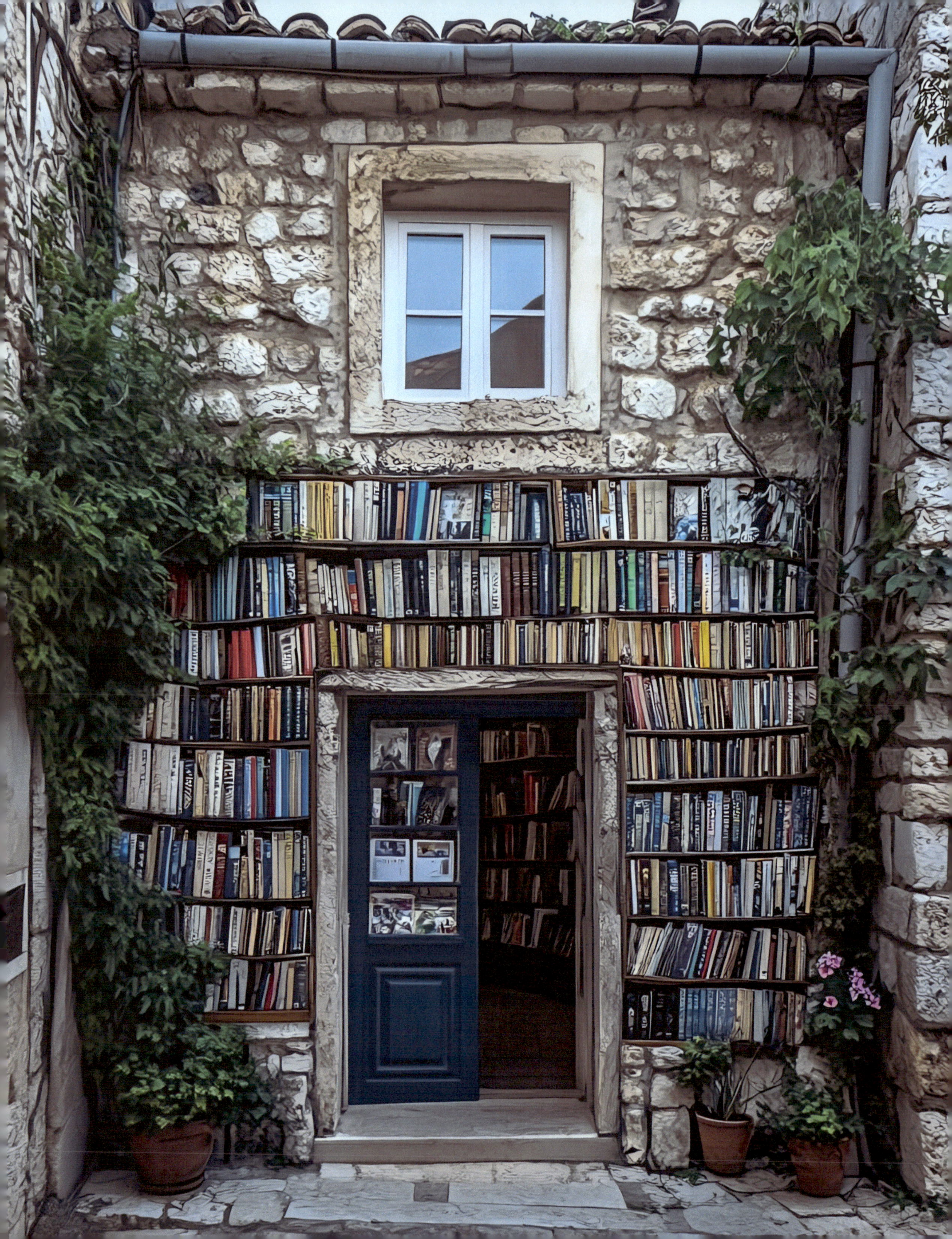

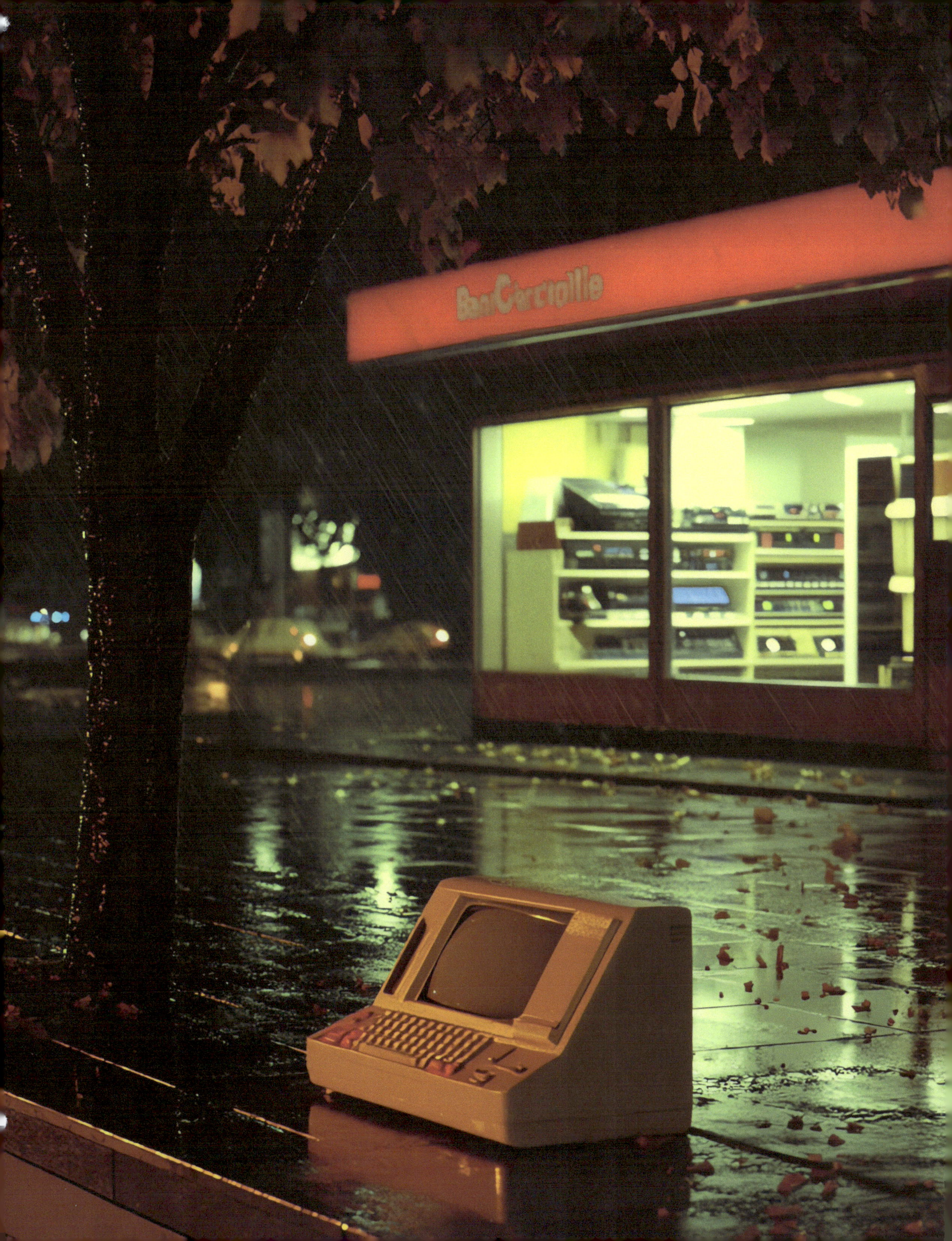

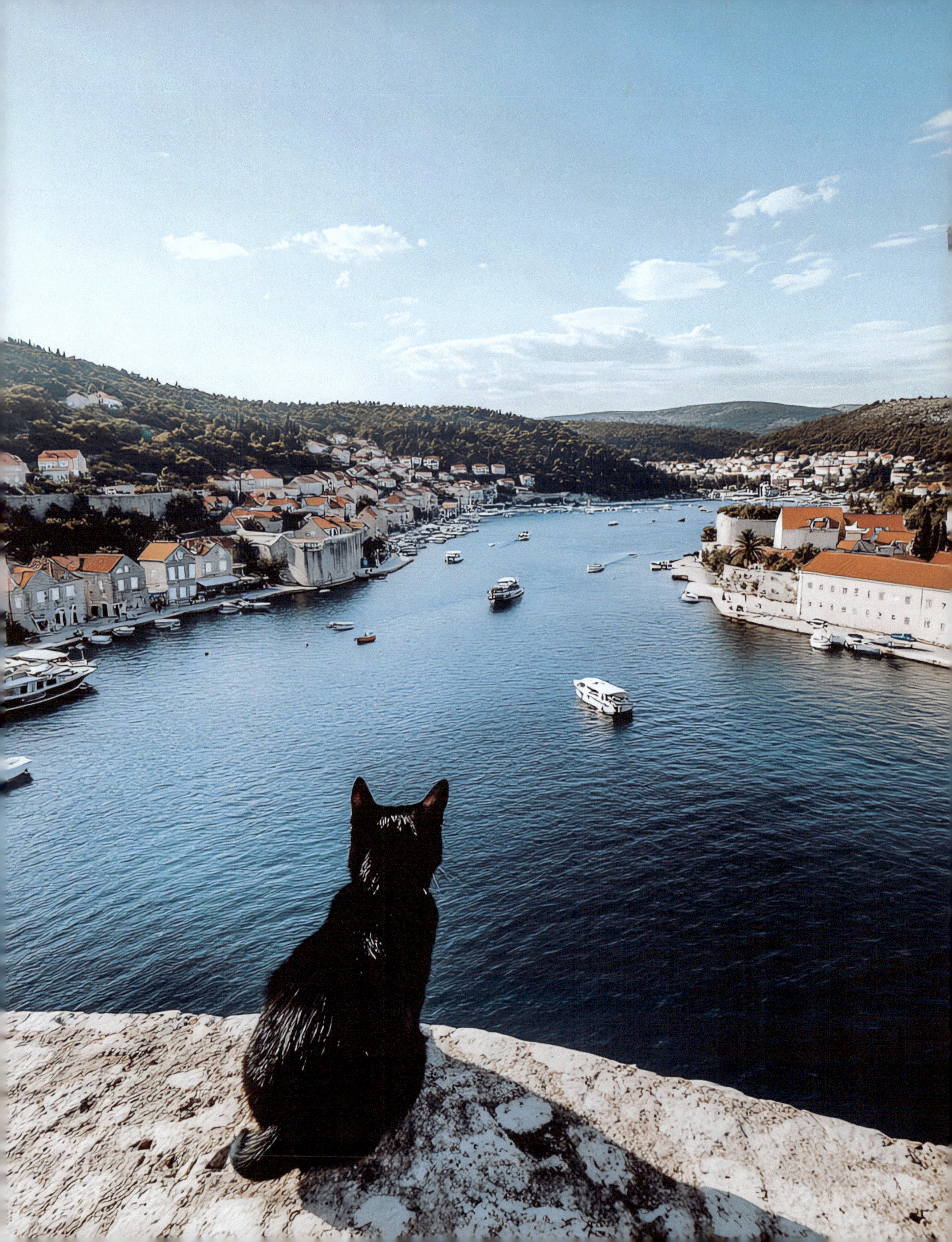

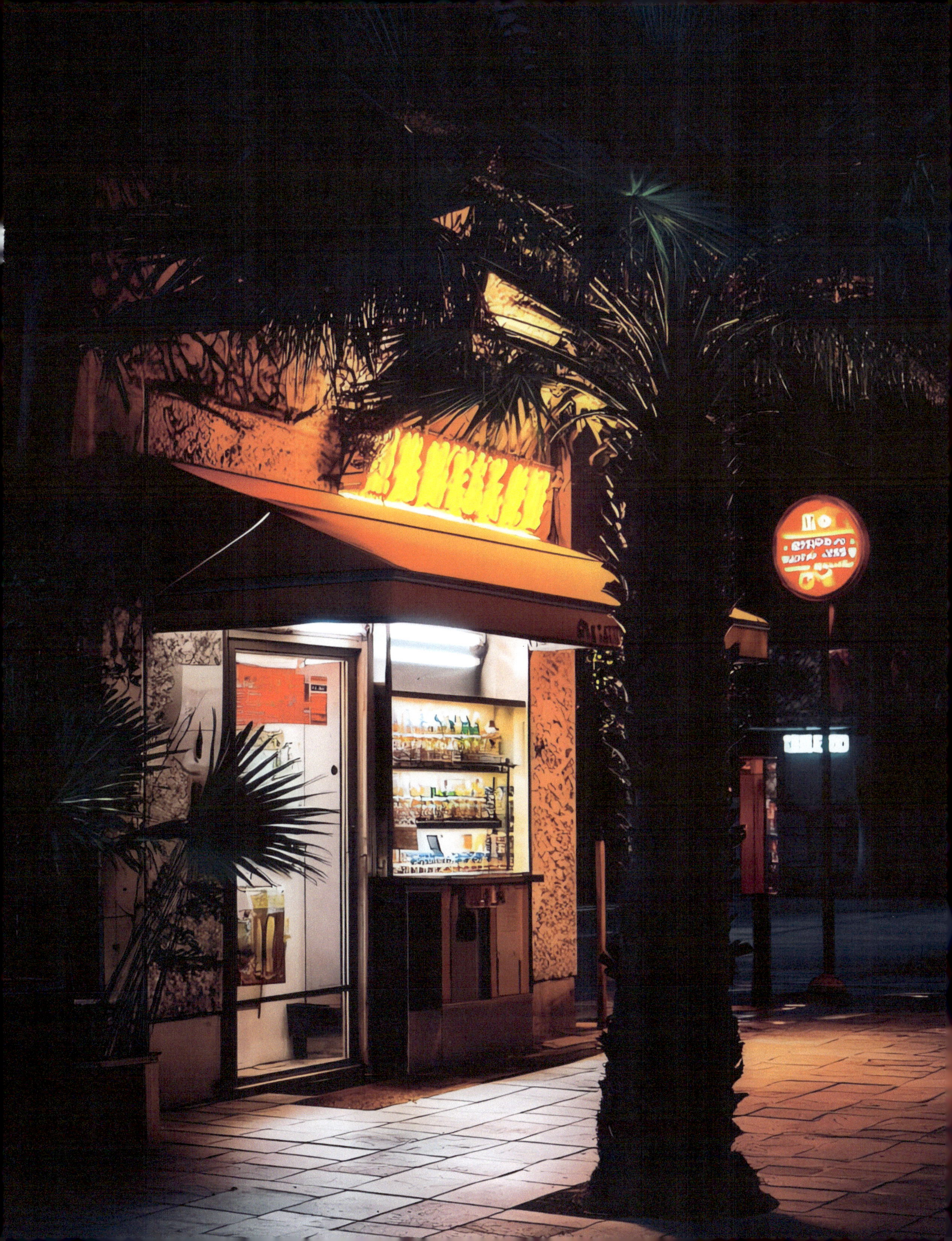

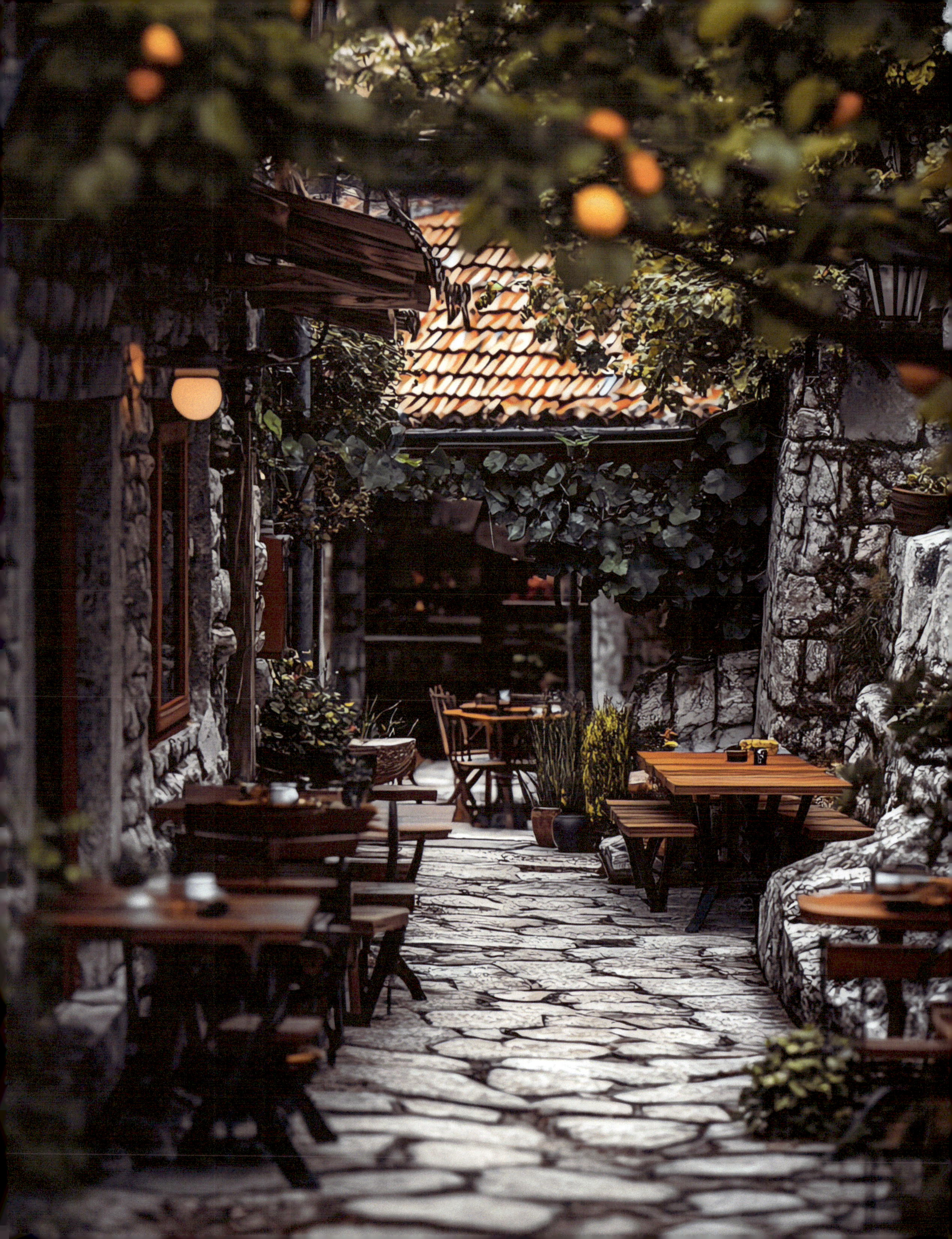

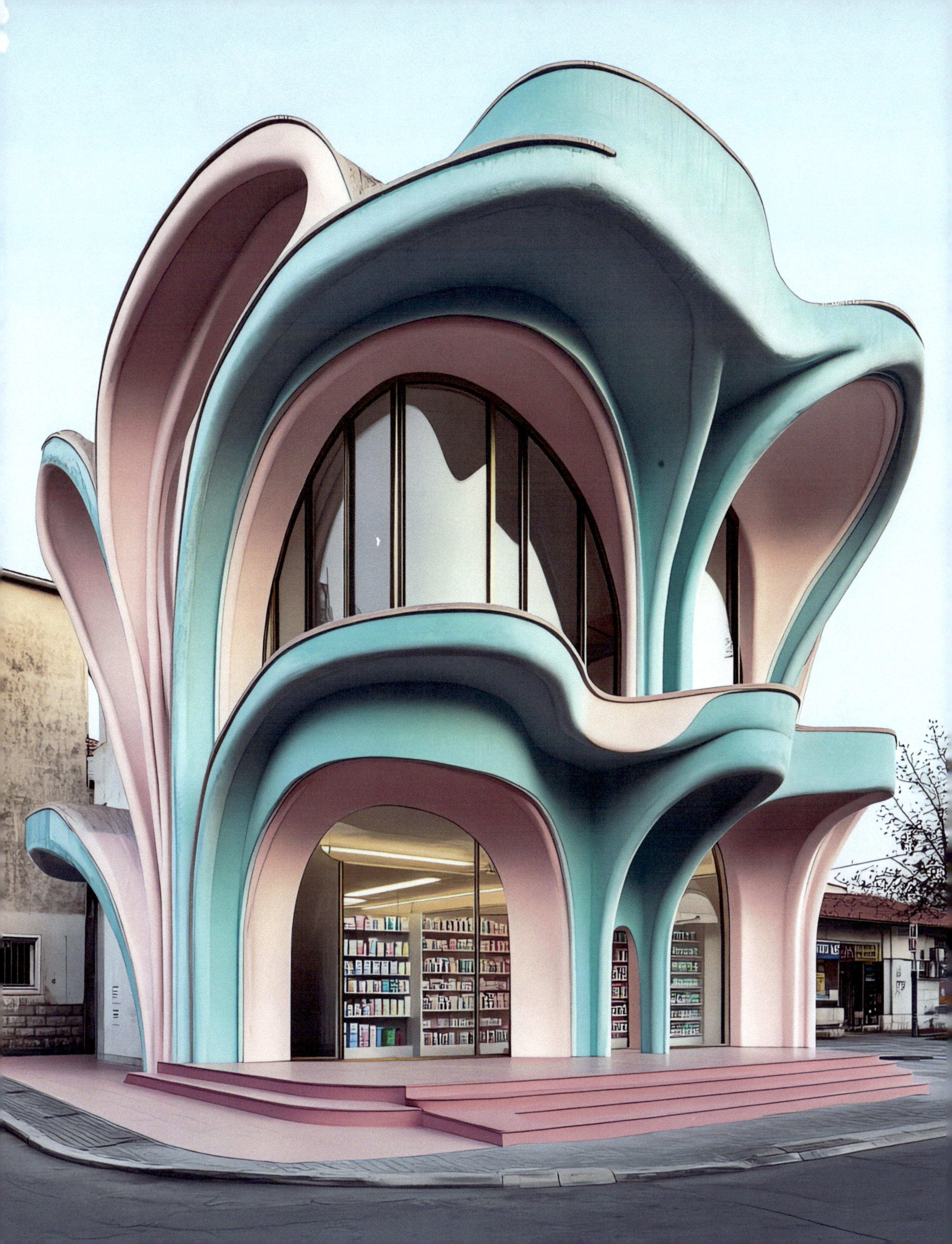

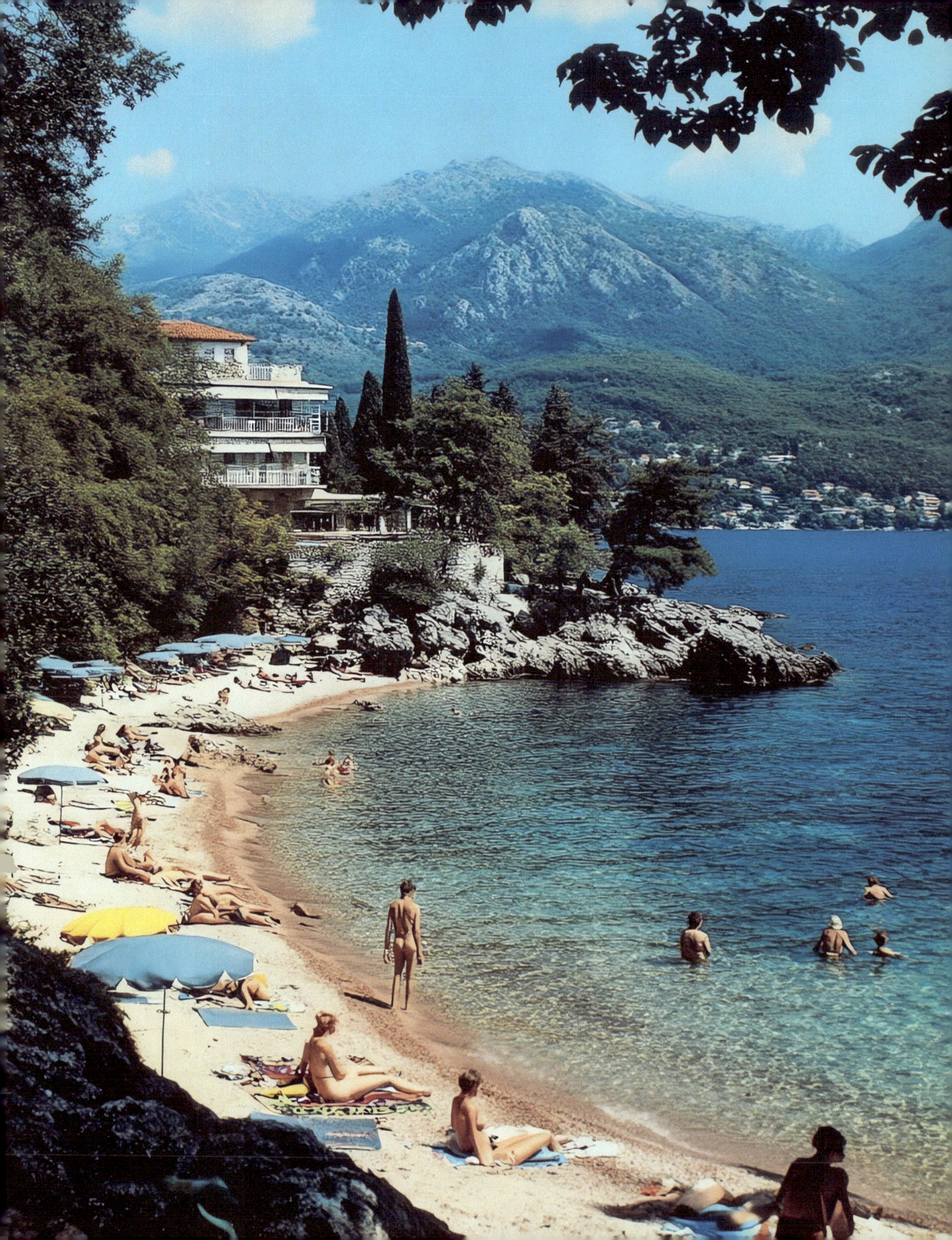

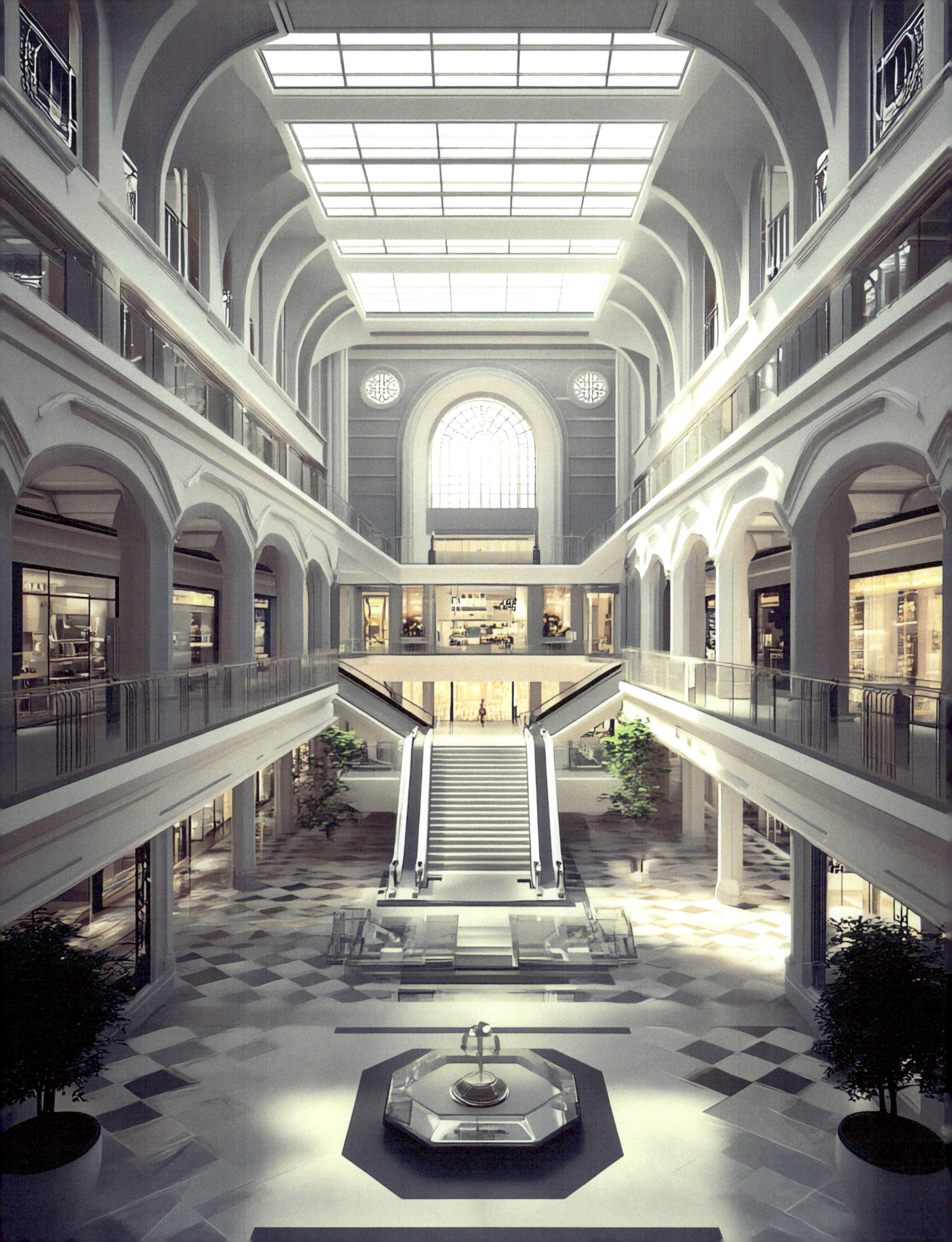

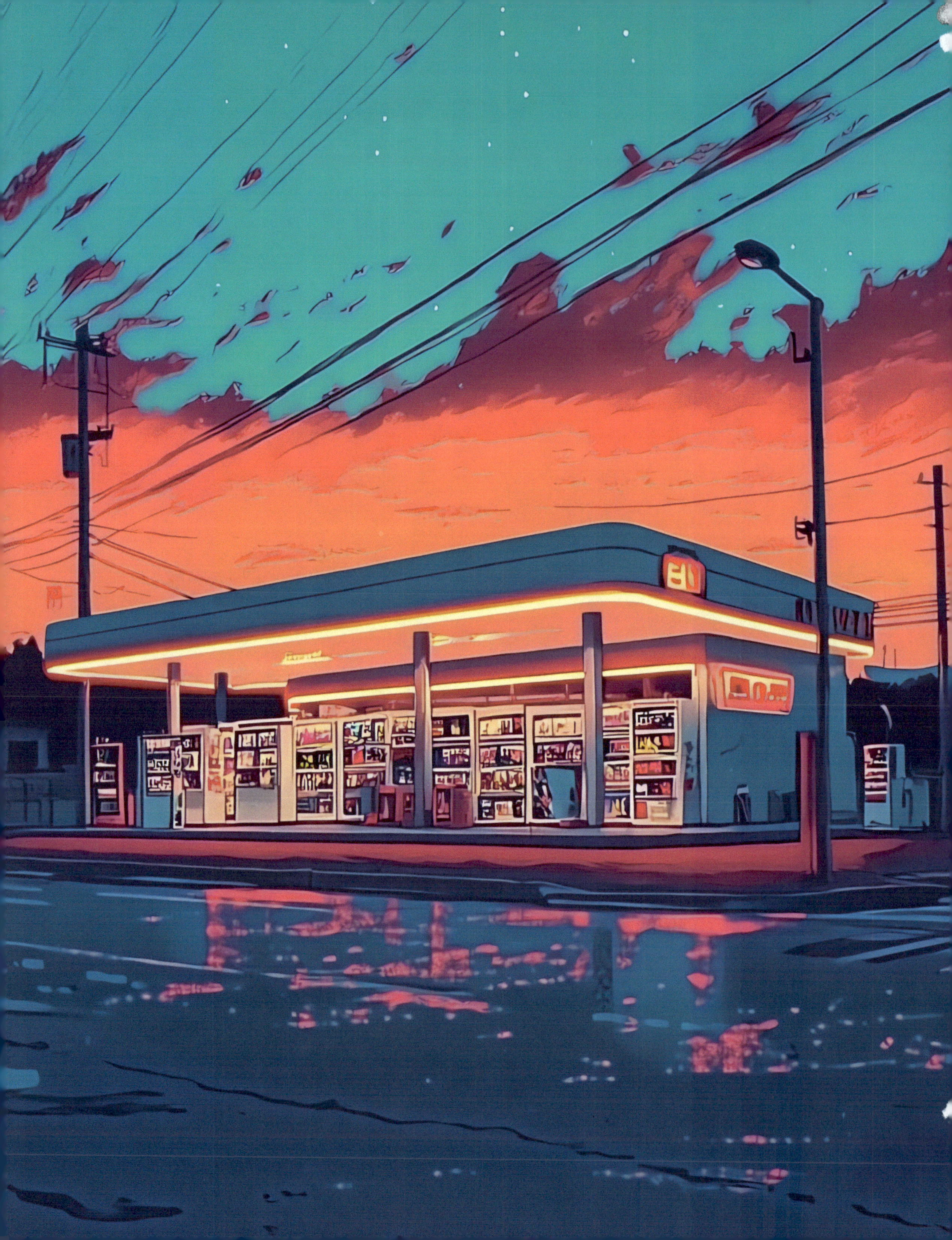

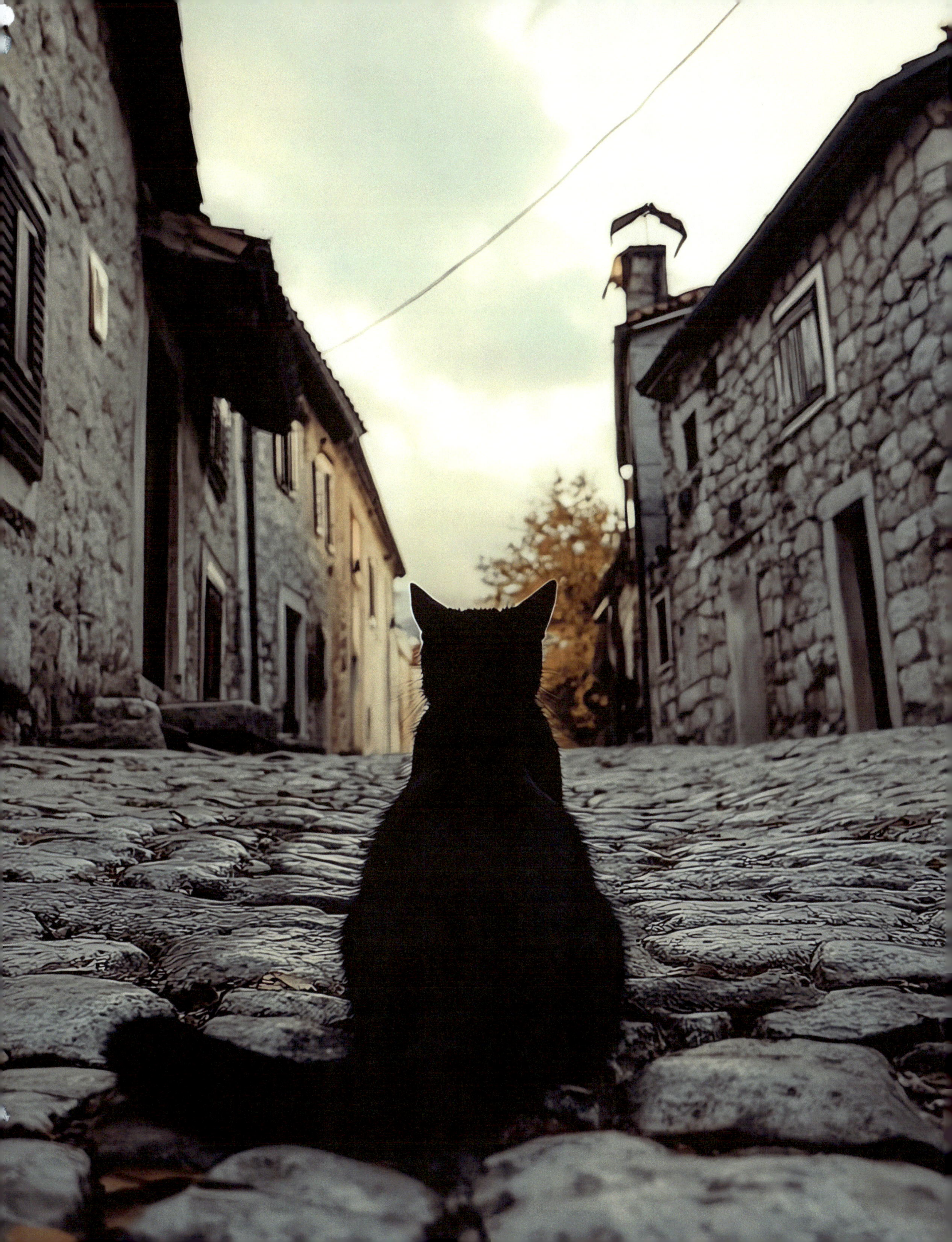

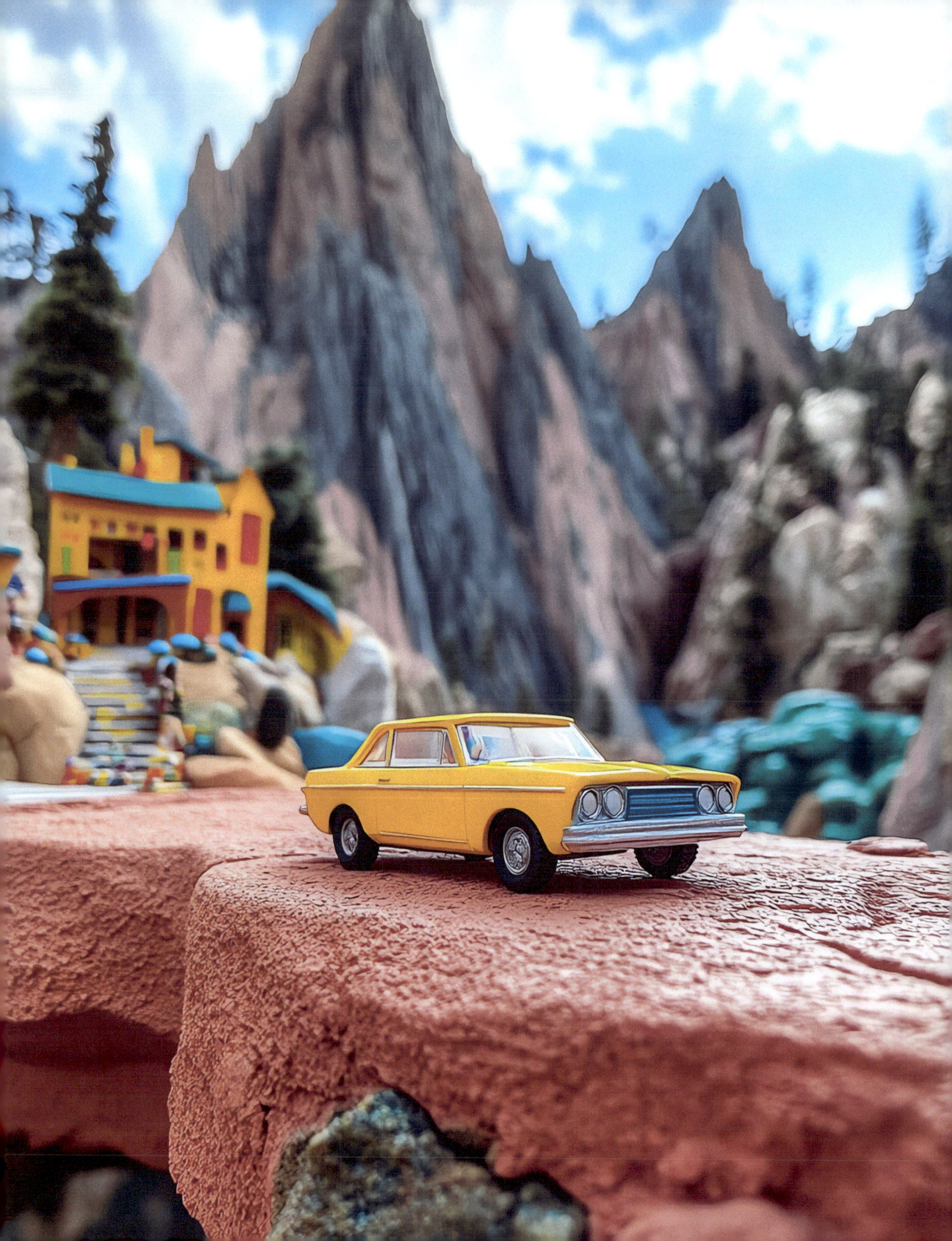

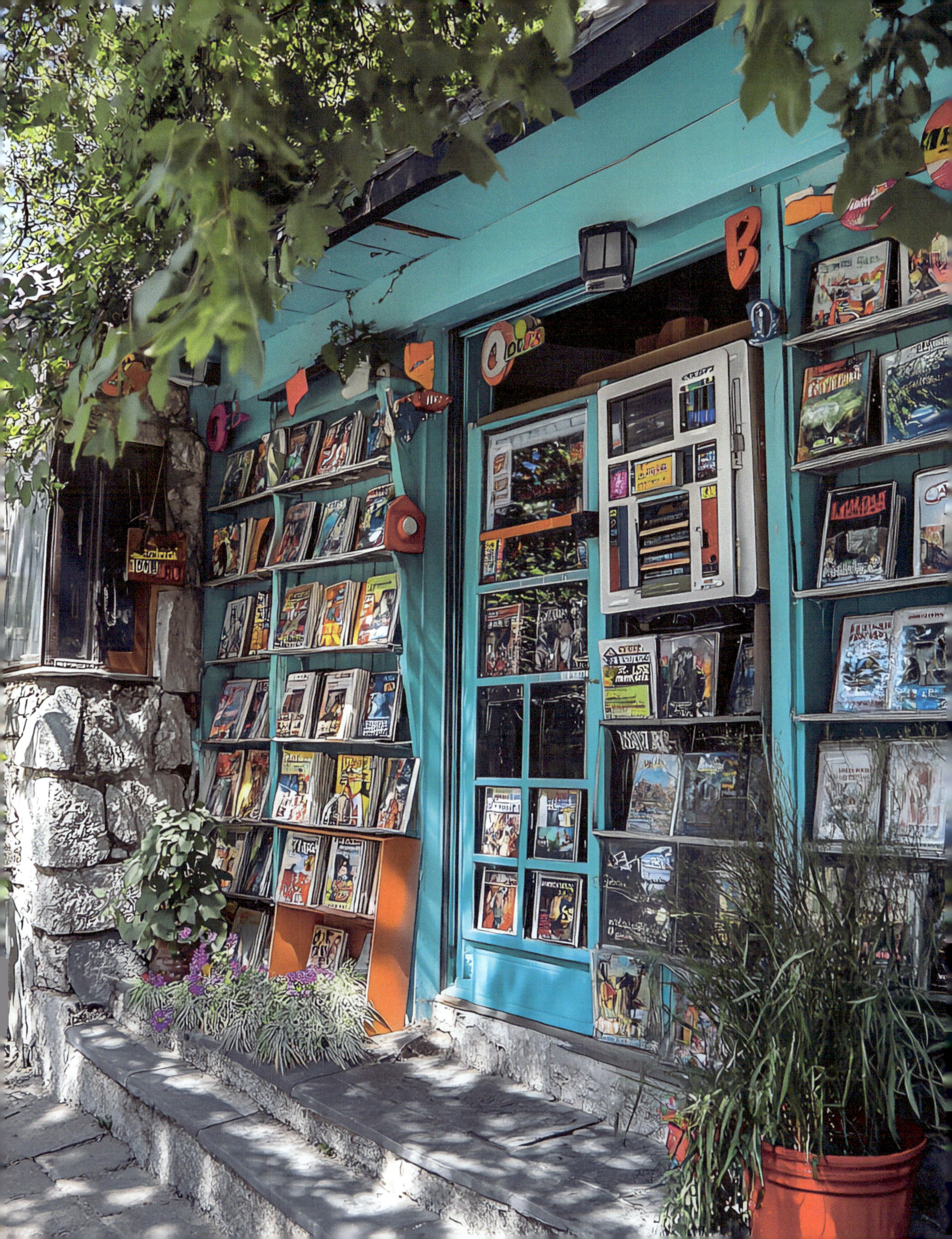

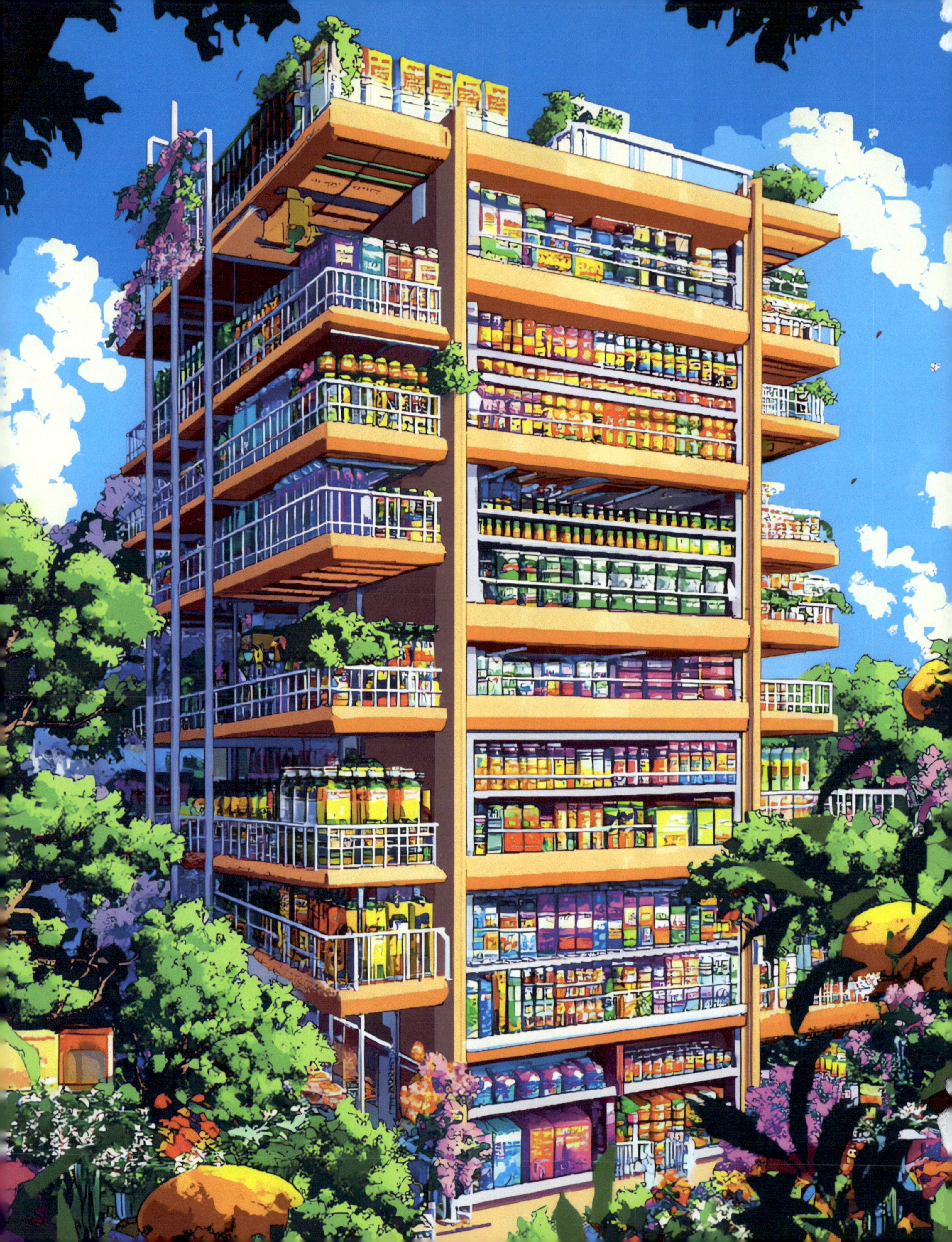

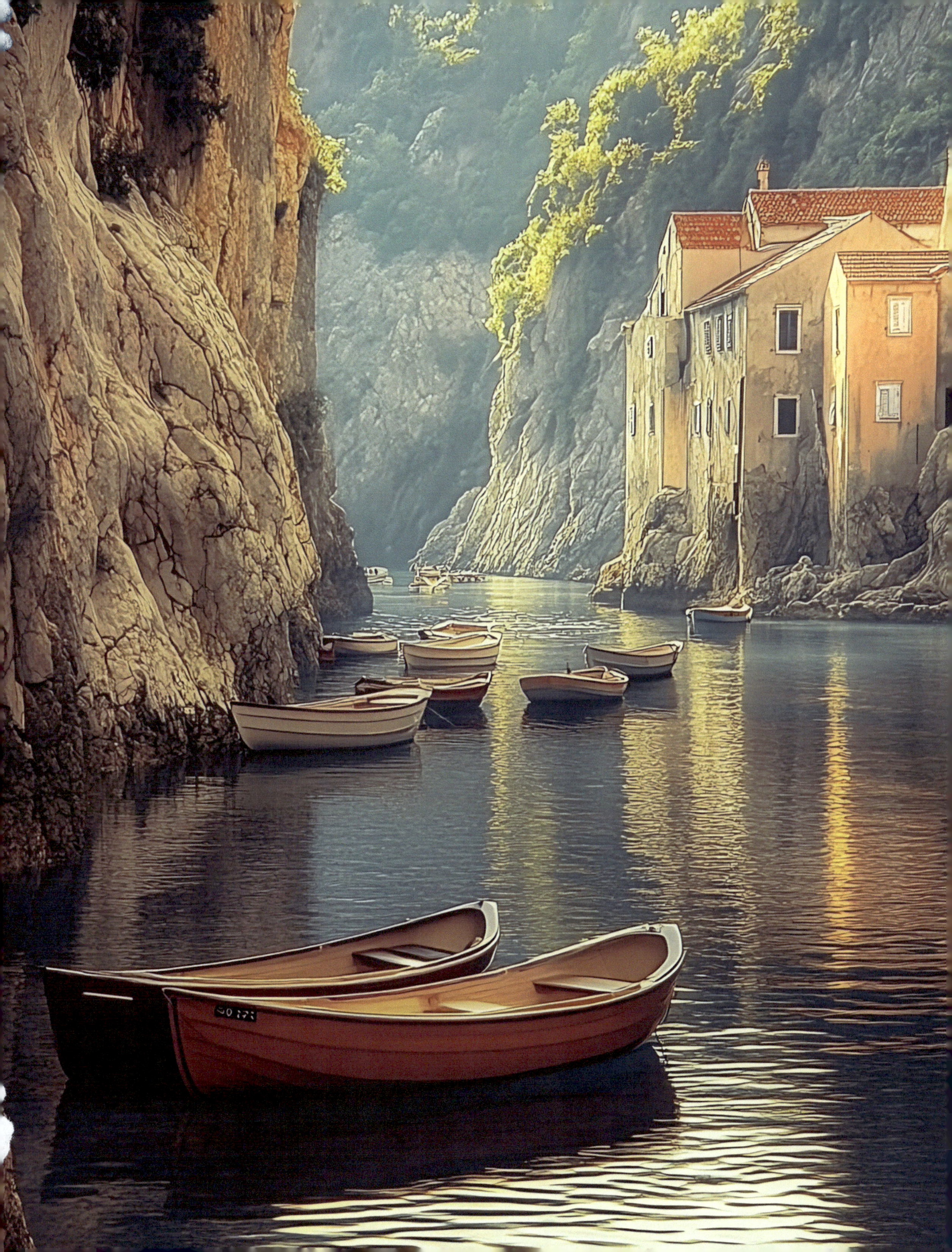

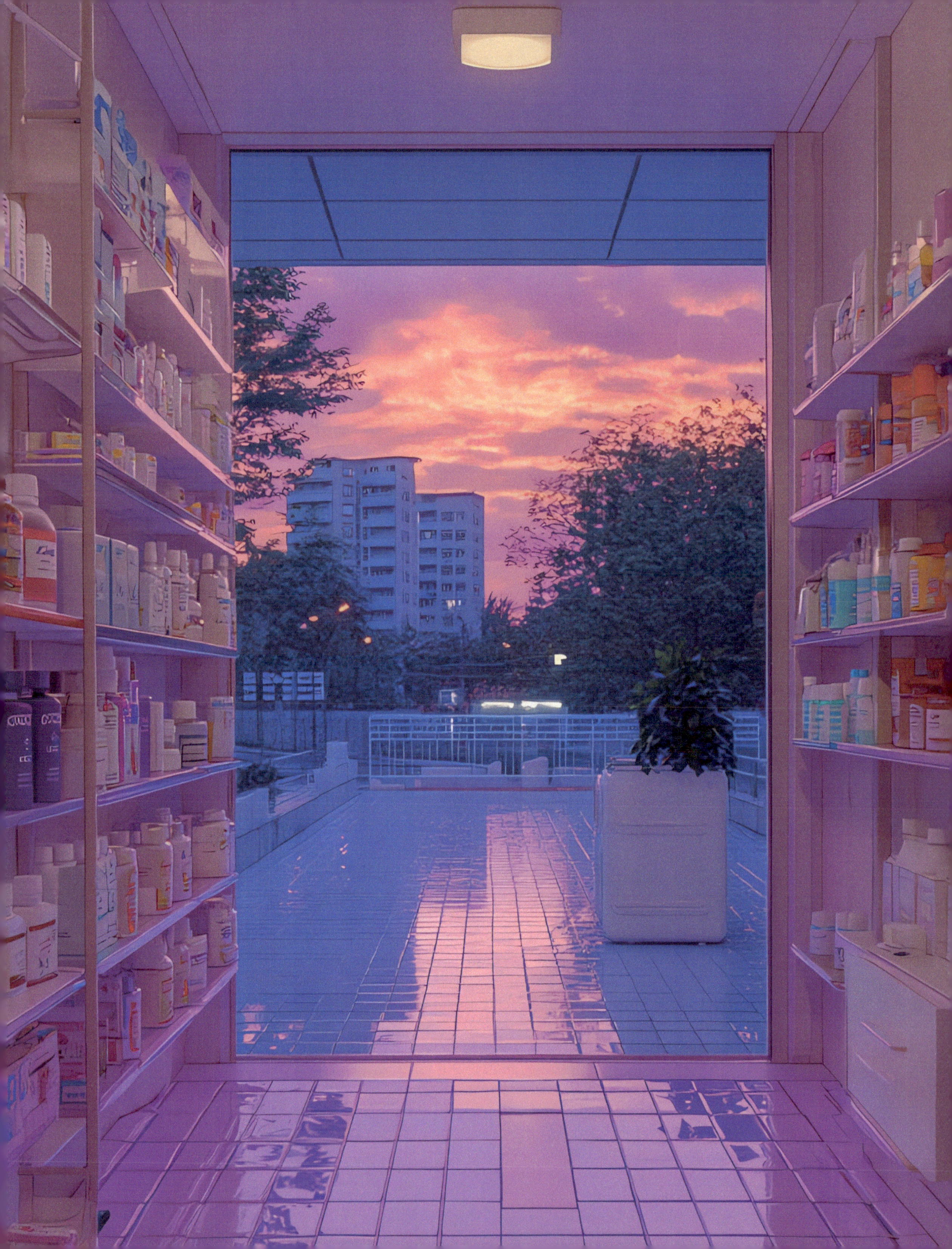

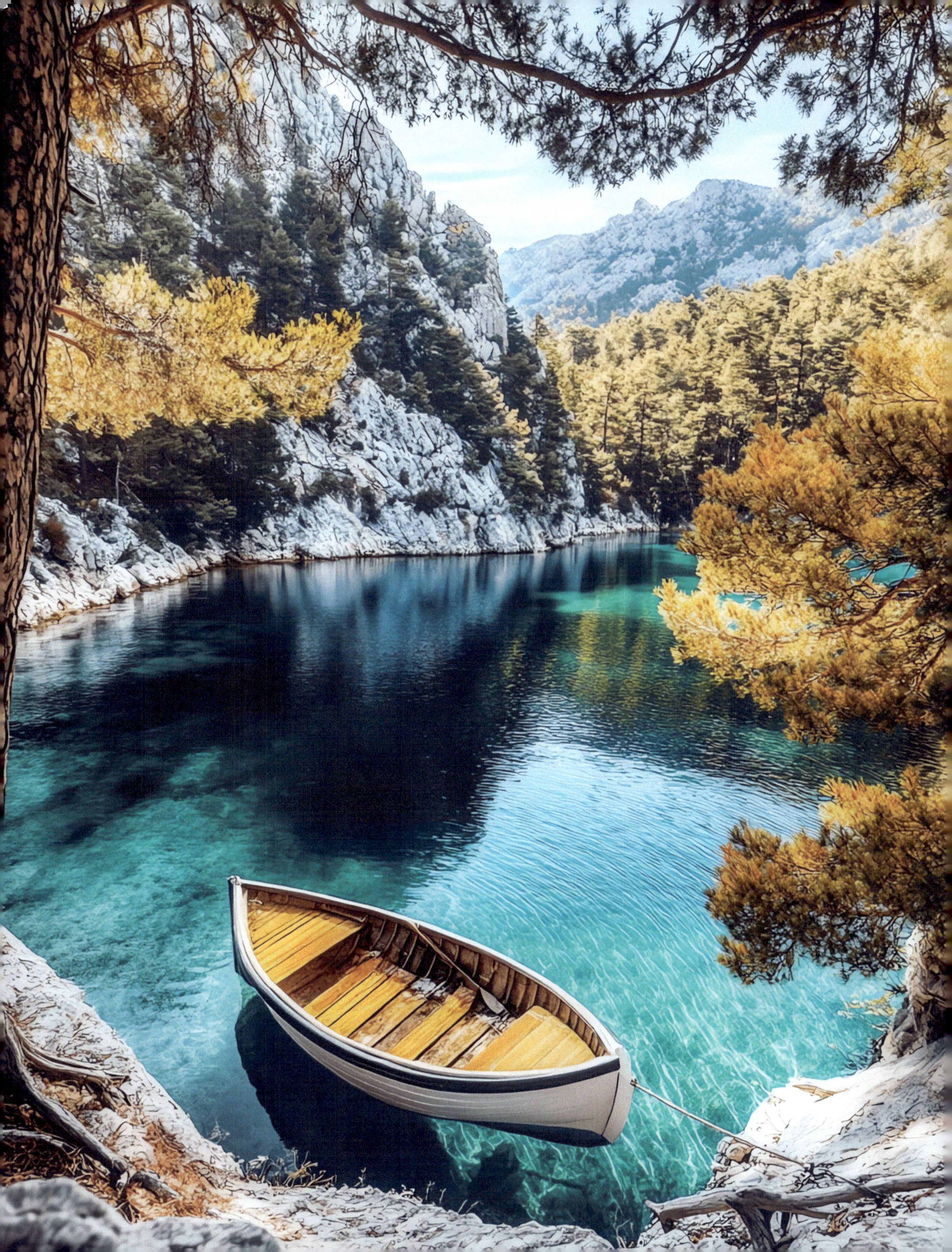

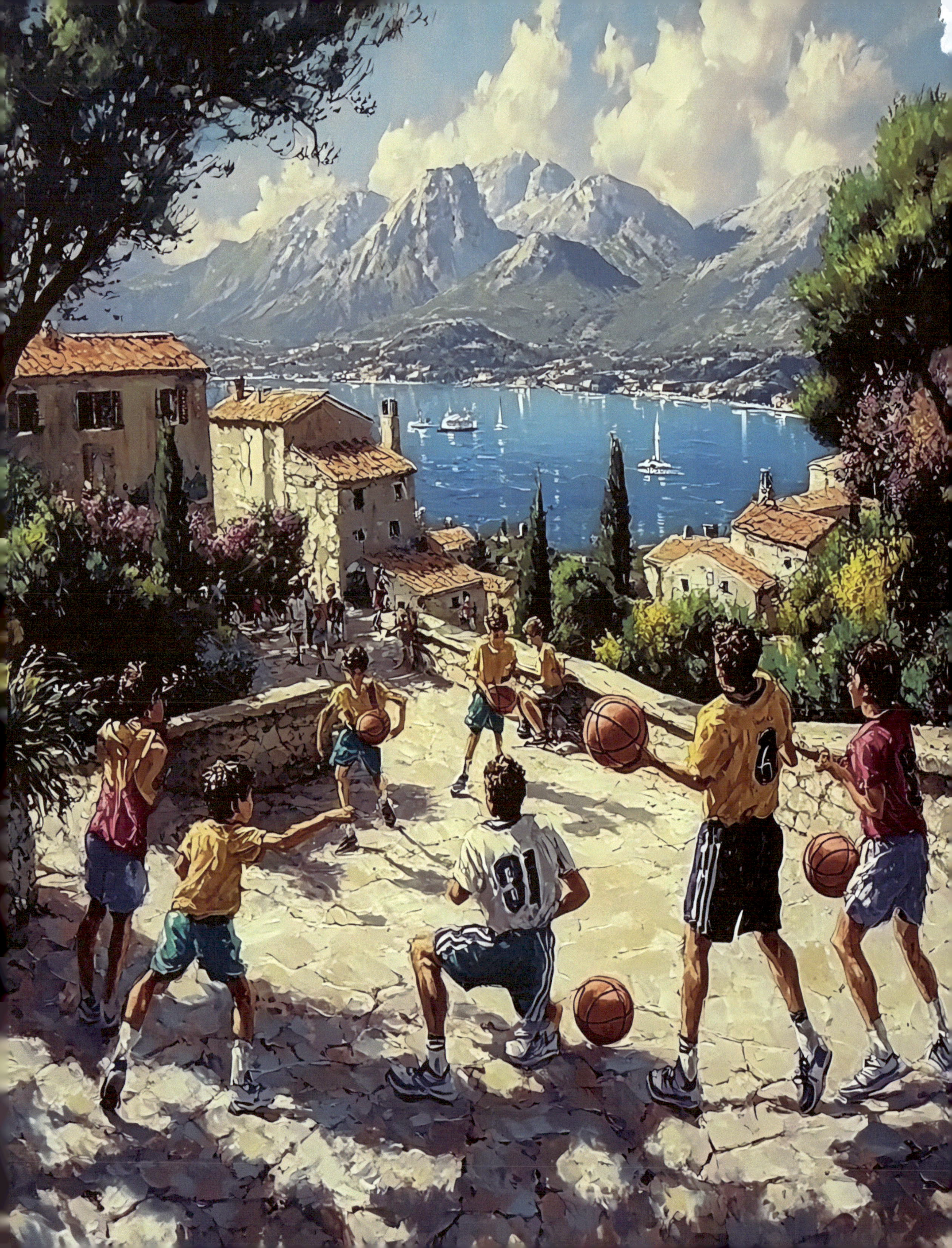
31

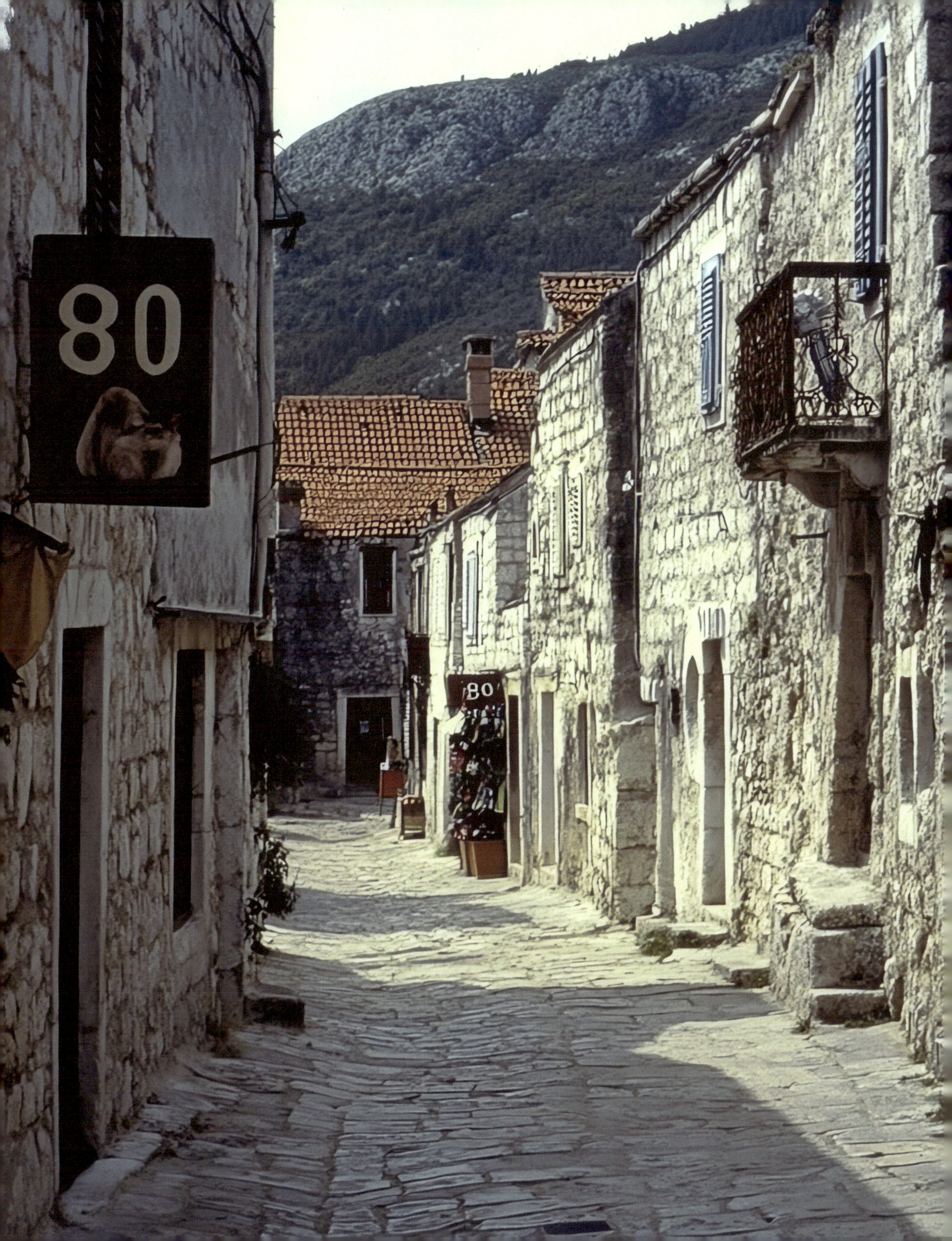
80
80

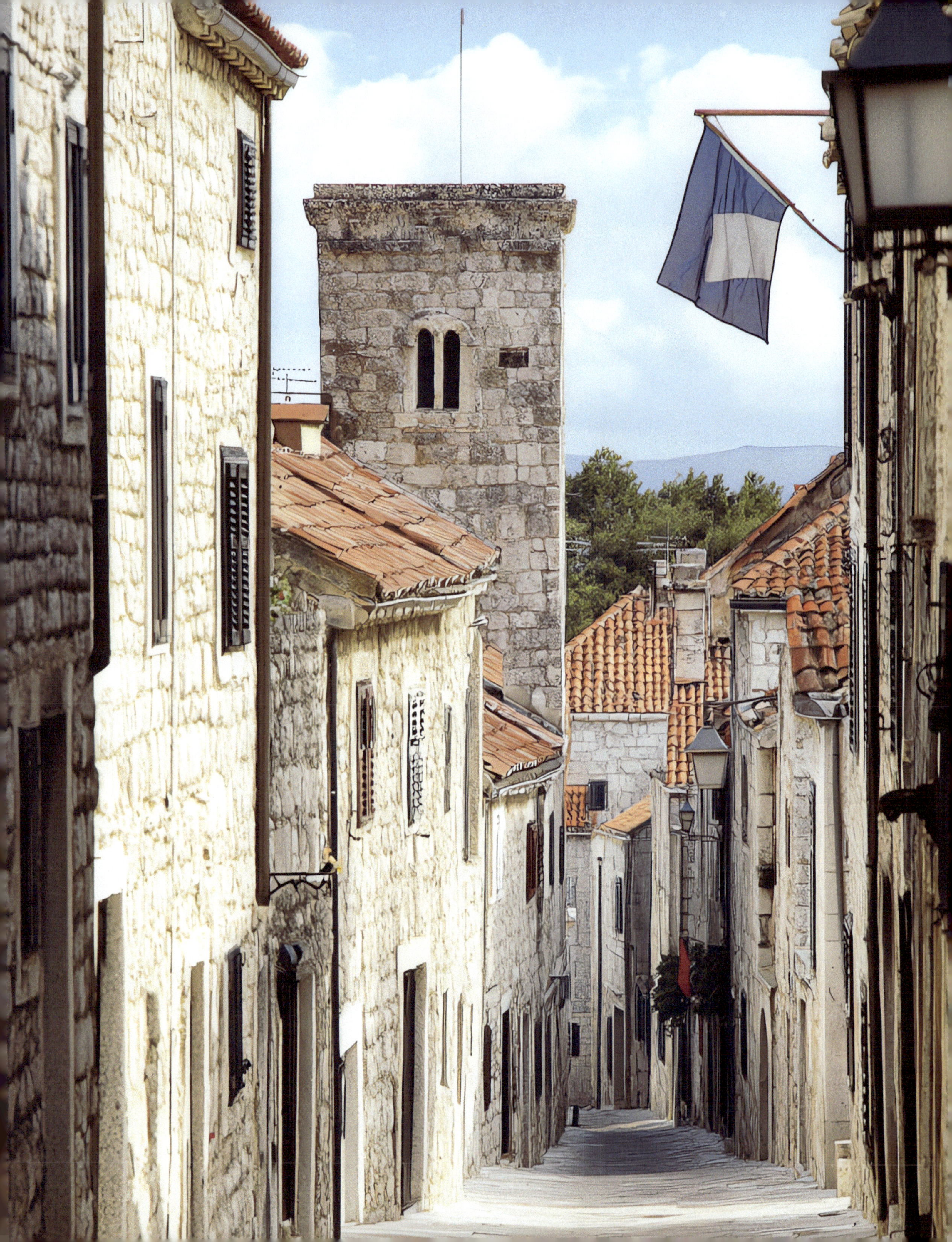

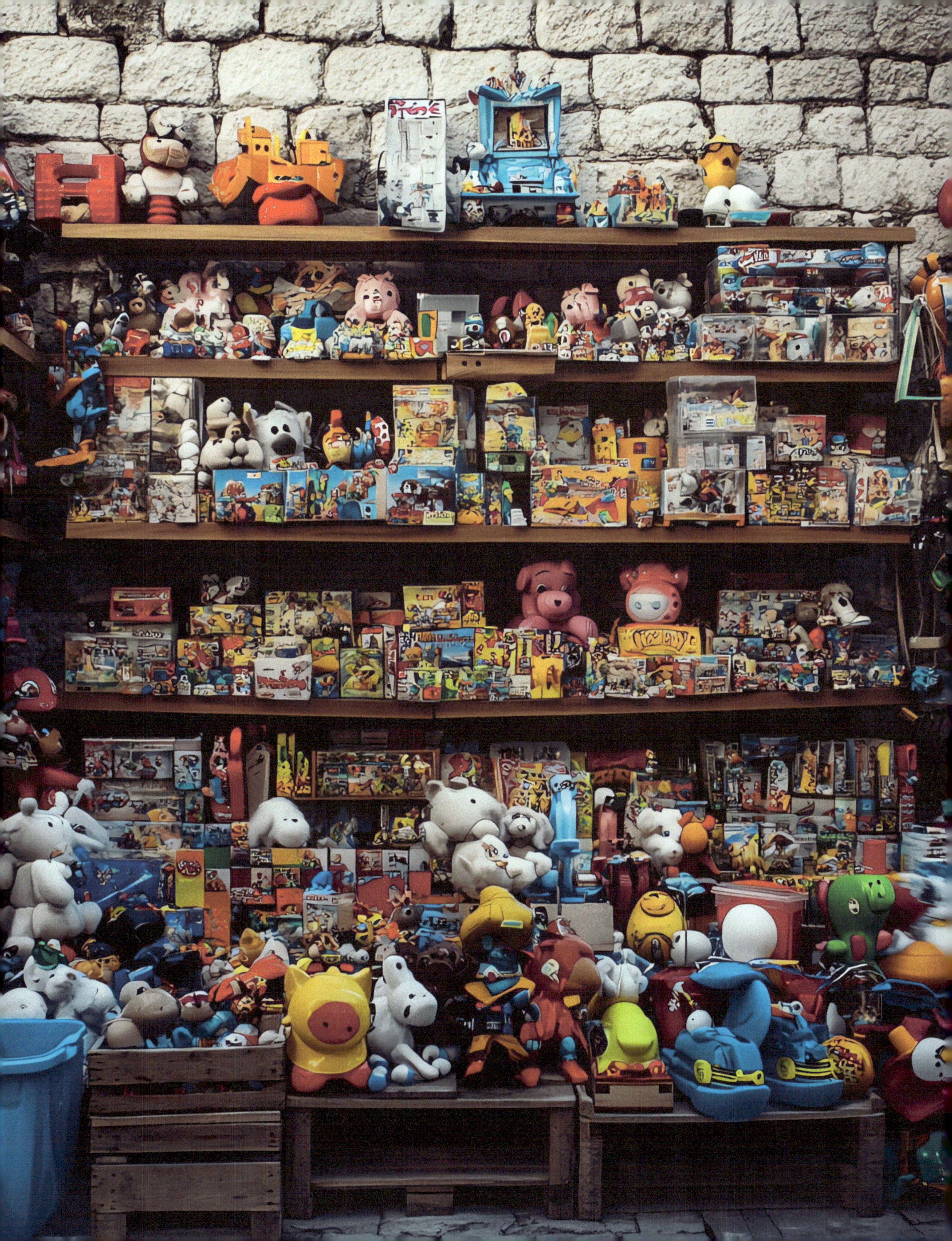

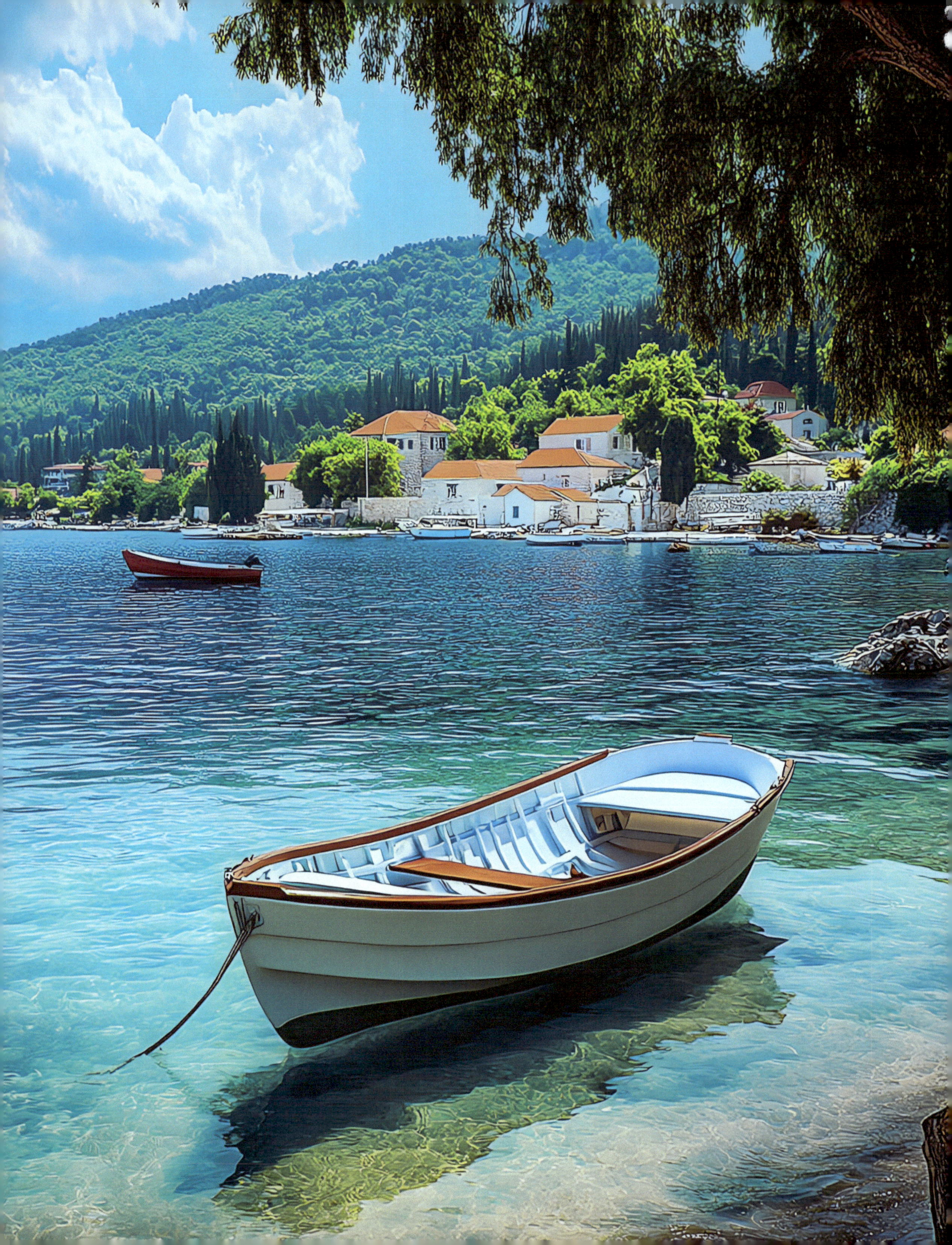

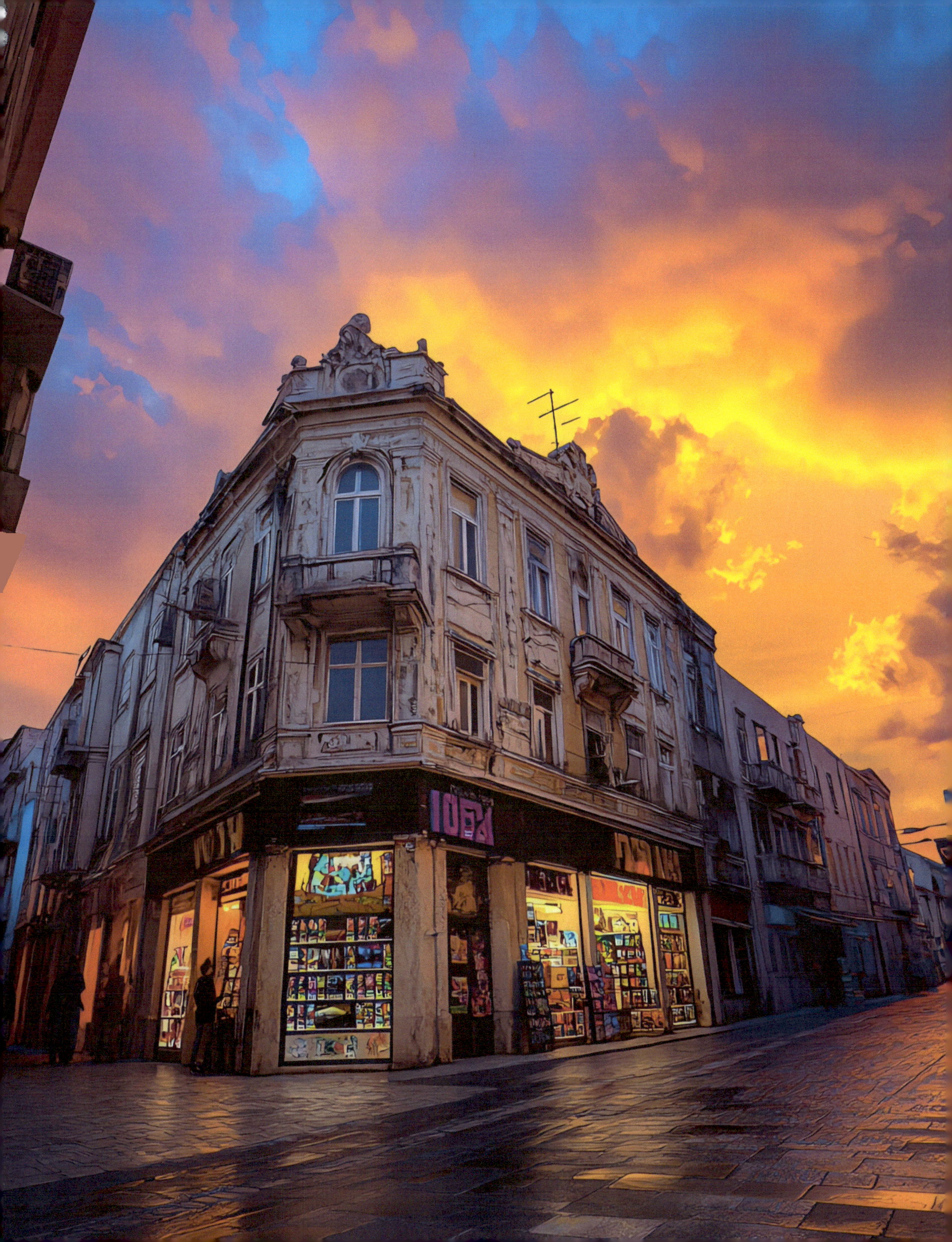

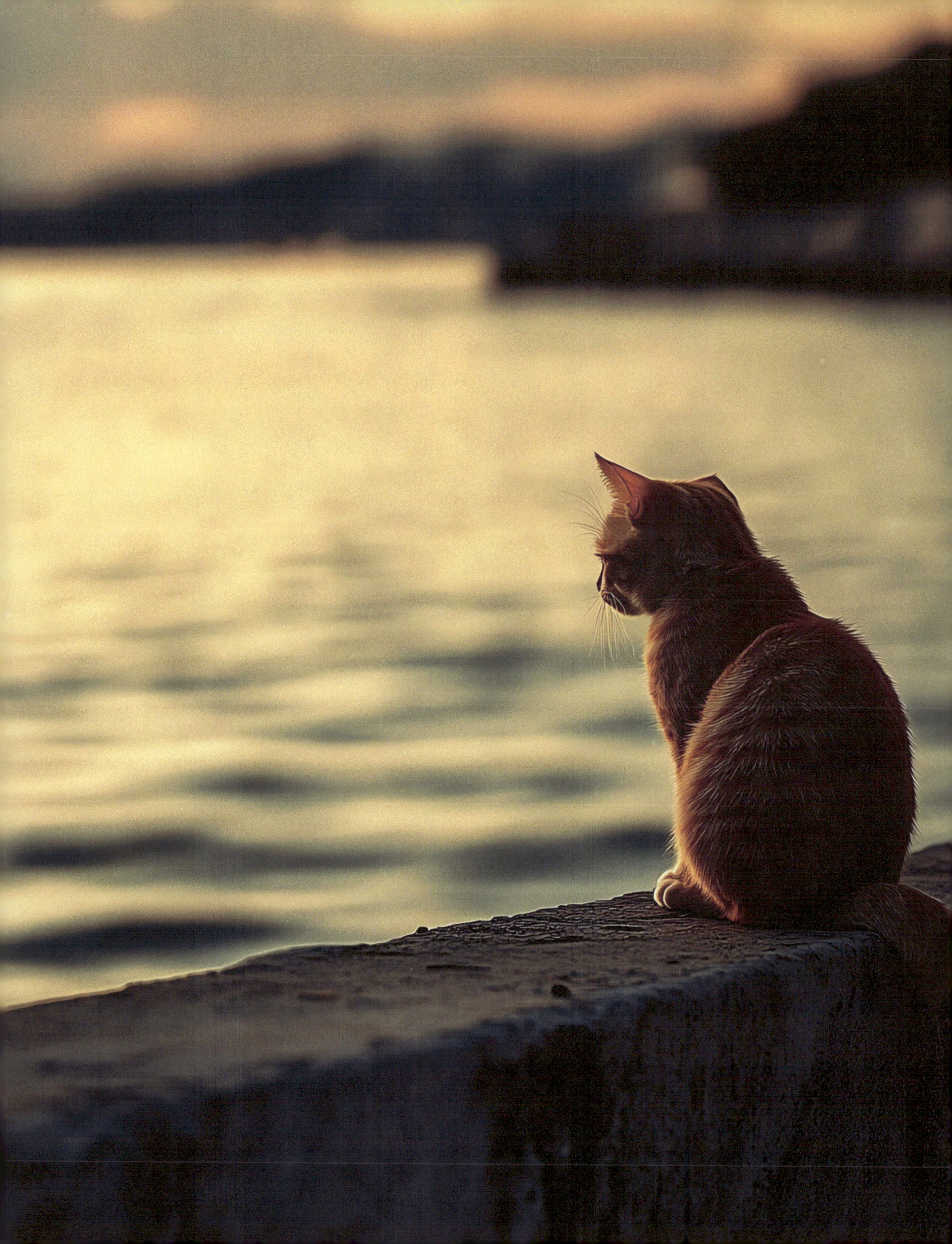

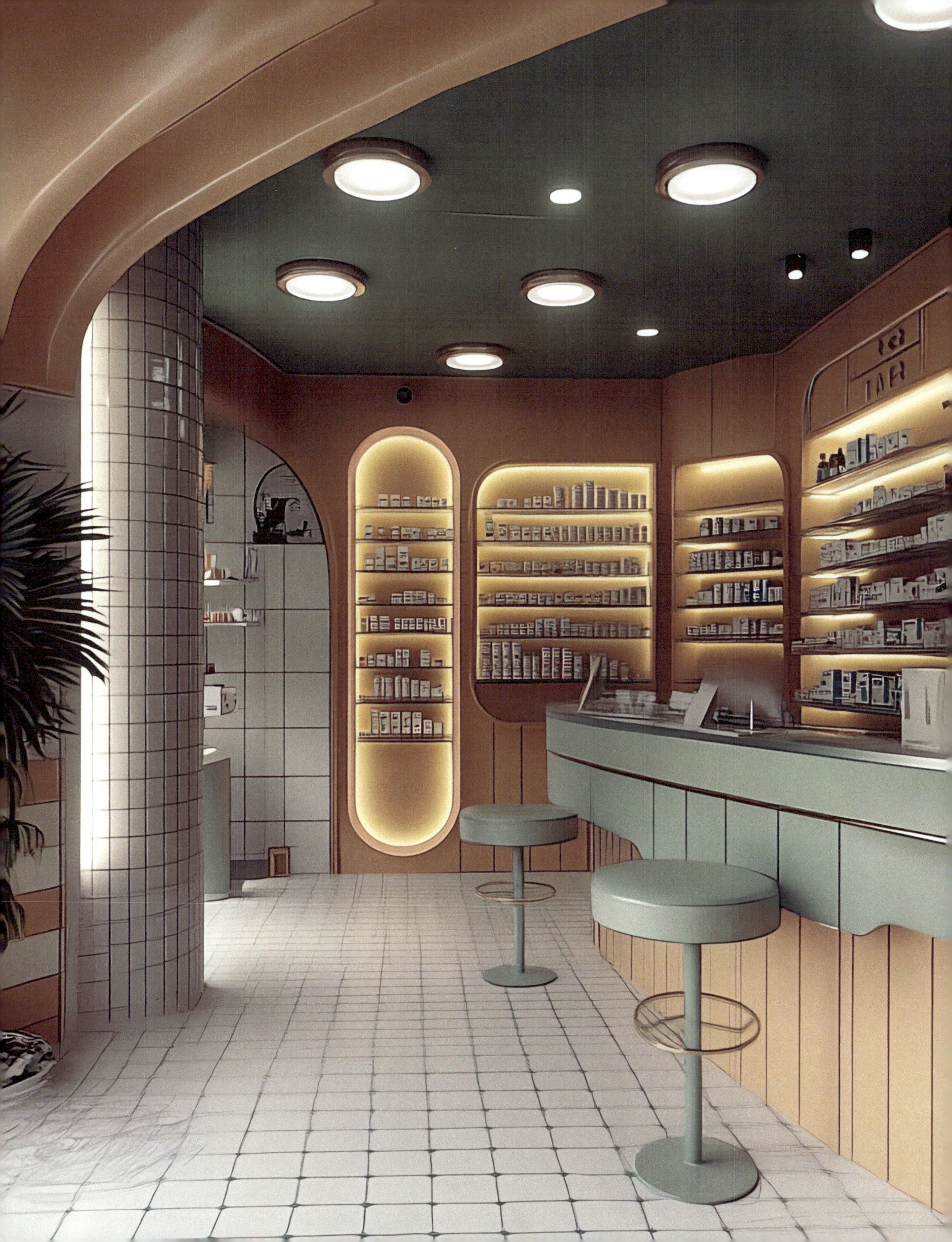

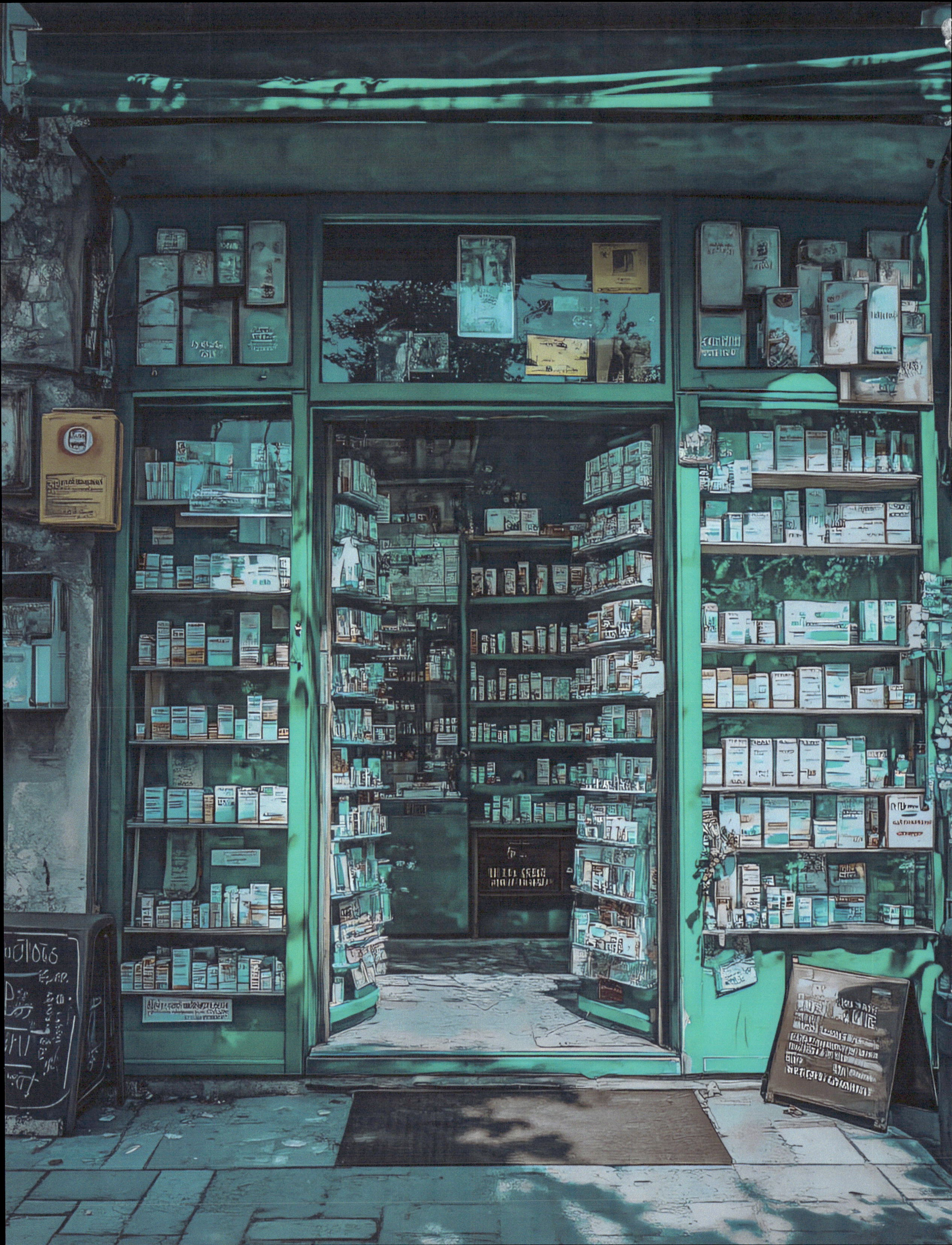

www.ingramcontent.com/pod-product-compliance
Lightning Source LLC
Chambersburg PA
CBHW040423220526
45473CB00004B/1329
* 9 7 9 8 3 0 1 2 2 1 8 2 8 *